名师名校名校长

凝聚名师共识
固本名师关怀
打造名师品牌
培育名师群体

　　　　　张明远题

悦读越快乐

——"主题阅读"课程设计

卢茜　主编

陕西师范大学 出版总社　西安

图书代号　JY24N1969

图书在版编目（CIP）数据

悦读越快乐："主题阅读"课程设计 / 卢茜主编.
西安：陕西师范大学出版总社有限公司，2024.9.
ISBN 978-7-5695-4658-3

Ⅰ．G623.232

中国国家版本馆CIP数据核字第2024MF9112号

悦读越快乐——"主题阅读"课程设计
YUEDU YUE KUAILE —— "ZHUTI YUEDU" KECHENG SHEJI

卢茜　主编

出 版 人	刘东风	
出版统筹	杨　沁	
特约编辑	刘海燕	
责任编辑	李广新　刘田菁	
责任校对	王　越	
封面设计	言之凿	
出版发行	陕西师范大学出版总社	
	（西安市长安南路199号　　邮编 710062）	
网　　址	http://www.snupg.com	
印　　刷	北京政采印刷服务有限公司	
开　　本	710 mm×1000 mm　　1/16	
印　　张	15	
字　　数	235千	
版　　次	2025年3月第1版	
印　　次	2025年3月第1次印刷	
书　　号	ISBN 978-7-5695-4658-3	
定　　价	58.00元	

读者使用时若发现印装质量问题，请与本社联系、调换。
电话：（029）85308697

编　委　会

序　言

————— 📖 —————

有人说，阅读是最浪漫的教养。和孩子一起读书，意味着与孩子共享一段或浪漫，或感人，或惊险，或搞怪，或神秘的旅程。每一名教师、每一位家长、每一个关心孩子成长的人都想把最优秀的图书推荐给成长中的孩子，让孩子像树苗吸收阳光和雨露一样汲取图书中的营养，在图书的滋养下快乐成长。

我的阅读启蒙并不同于我的同龄人，童年的我没有看过多少童话故事和寓言故事。那时候，每当找不到小伙伴一起玩的时候，我就喜欢在父亲的书架上寻找，可是父亲是典型的"理工男"，他的藏书除了给我们姐妹几个买来读的"四大名著"，大多是工程、电力之类的专业书籍，我也只好硬着头皮从"四大名著"读起。也不记得是什么时候，父亲的书架上多了本《福尔摩斯探案集》，我如获至宝，闲暇就拿来翻阅，沉浸在书中的一个个悬疑故事之中。电视剧《红楼梦》热播时，我将其中的人物关系理得清清楚楚，这让大人们对我刮目相看，至今我还能回想起自己当时的得意劲儿。我读小说时想象的"大观园""福尔摩斯那昏暗的公寓"居然与影视剧里的场景那么像，这更是让少时的我又惊又喜——"原来我和导演、编剧想的一样啊"。

后来上中学我交了一个好朋友，她也是个书迷，我们一起加入了一个书友会，我们每个月都会在书友会推荐的书目里免费挑选两本书，这可解决了我们选书、买书的难题。那个时候，书友会没有组织过读书沙龙或其他的交流活动，我们的阅读只局限于个人的自由阅读。没有老师布置任务，没有家长陪伴，没有活动推进，只是单纯地把读书作为闲暇的一种"游戏"，其中的快乐对那时的我而言是无穷的。

当踏上三尺讲台，我发现过去读过的"闲书"其实也在教学中起着作用。2016年，学校进行"游戏改变课堂"的课程改革项目，我作为课改负责人，总有许许多多的创意和点子与同事们分享，我带领几个"90后"年轻人开发了"侦探课程"，把数学单元复习课设计成一个个"案件"，让学生化身"小侦探"，寻找线索、侦破案件的过程就是对单元所学知识进行梳理的过程。当时参与我们课程研发的教师都是刚刚走出大学校门的年轻人，个别资深的学科教师觉得我们这是在"瞎折腾"。2017年，我们带着自己也不确定是否科学的课程设计参加了教育部、中央电教馆举办的"全国课程实践评优"比赛，居然侥幸获得特等奖，并得到组委会邀请的专家上海市教科院蒋鸣和老师的高度认可。接着不断有教师要求加入我们的课改团队，其中也包括在课程开发初期质疑我们的教师，能得到他们的认同我们比获得什么奖项都开心。接下来的几年，我和团队成员陆续在南京、济南、重庆、杭州等地展示"侦探课程"，交流课程研发和实施经验。现在回想起来，"侦探课程"的原始创意不就来自儿时读过的《福尔摩斯探案集》吗？我那些灵光一闪的想法不就在某次阅读的字里行间吗？

现在无论是学校还是家庭，乃至社会对阅读都非常重视，学校、政府等积极通过阅读沙龙、阅读坊、读书月等方式进行阅读推广。可是我们发现：真正爱阅读，能在阅读中体验到快乐，并把阅读作为习惯坚持下去似乎是一件很不容易的事。我从事小学语文教学工作二十多年，带过的每一届学生中都有一些孩子是非常爱看书的，这里我不得不用"看书"替代"阅读"这个词，可见它们是有区别的。好多孩子读书，不是因为自己想读，而可能是老师布置了任务，也可能是家长要求，还可能是为了达到某个学习目的，这样的"读书"目的性很强，一旦离开了这些短期的目标和要求，孩子很容易把书抛到脑后，甚至没有了目的孩子就根本不会去翻开书，这样的读书并不能让人感到快乐，更不足以支撑孩子把阅读这个习惯坚持下去。

小学阶段是一个孩子成长的重要时期，这六年的成长跨度是很大的，孩子要经历由儿童期向少年期的转变。什么样的图书能在这六年的不同阶段滋养孩子？怎样让孩子爱读书？怎样让阅读成为孩子的一种习惯？怎样才能让孩子享受阅读的乐趣？这些问题一直在我的脑海中萦绕。很有幸有一群可爱的小学语文教师和我想法不谋而合，通过几年的摸索，我们尝试借助"主题阅读"课程帮助孩子们养成阅读习惯，教孩子们选书、阅读、探究、分享，让孩子们没有负担地阅读，尊重每个孩子的阅读体验，让阅读成为孩子的一种自觉的行为。

本书编排了我们在小学阶段为孩子们提供的12个阅读主题和24个案例设计。其中，人文主题6个——礼、乐、诗、画、家、国，自然科学主题6个——天、地、山、海、春、秋。每个案例由阅读活动五大版块——朗读亭、探究室、分享屋、实践园、加油站组成。我们希望能给翻开这本书的老师和家长提供一个指导孩子快乐阅读的活动模式。

目 录

第三学段主题阅读

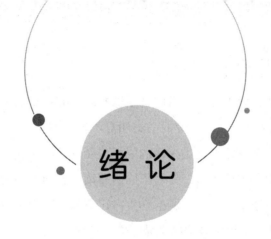

绪　论

一、概述

　　语文阅读教学的核心目标是培养学生语文学科核心素养，促进学生核心素养的发展。笔者通过一线实践调查、听课及对案例的分析探讨等发现：部分学生的课外阅读远离了他们的兴趣、脱离了实际生活，导致中小学生课外阅读无论在阅读状态、阅读方式、阅读过程方面还是在阅读结果方面都停留在浅层阅读上。

　　《义务教育语文课程标准（2011年版）》中明确提出："要重视培养学生广泛的阅读兴趣，扩大阅读面，增加阅读量，提高阅读品位。提倡少做题，多读书，好读书，读好书，读整本的书。关注学生通过多种媒介的阅读，鼓励学生自主选择优秀的阅读材料。加强对课外阅读的指导，开展各种课外阅读活动，创造展示与交流的机会，营造人人爱读书的良好氛围。"温儒敏教授总结了统编教材的七个创新点，提出阅读教学实施"教读—自读—课外阅读"三位一体的教学结构，区分教读课和自读课两种不同课型，把课外阅读纳入教材体系，更加重视多种阅读方法的教学，其中包含整本书阅读。而要想努力做到课标所要求的"多读书，好读书，读好书，读整本的书"，一定要让学生养成读书的生活方式，激发学生的阅读兴趣，使学生有较大的阅读量和阅读面，以提升学生的语文素养。

　　我们对学生的阅读状况进行了调查，该调查主要包括小学生阅读的数量、内容、偏好、阅读时间、书籍来源、阅读能力发展需要及阅读困境等七个方面。从调查结果来看，学生的阅读量普遍达不到课标要求，大部分学生日常阅读时间和效率都有待提高；学生选择的书籍主要来源于教师的推荐，但教师推荐书籍的频率不高，学生阅读书目的自主选择性不够；童话类书籍是小学生普遍喜爱的读物，各学段学生喜爱的书类明显不同，且大多数学生对文学著作类、科普科幻类以及诗歌散文类书籍的偏好程度较低；阅读中能够运用合理阅读方法的学生各学段占比不均，针对不同的阅读内容和目的能用不同的阅读方法以及自主解决阅读中出现的问题的学生占比不高。在小学阶段教孩子阅读，并使其爱上阅读是小学语文教师的必做工作。

早在1941年，叶圣陶先生就在《论中学国文课程标准的修订》中对"读整本的书"作了专门论述，明确提出"把整本书作主体，把单篇短章作辅佐"的主张。李卫东提出，目前我国语文教育存在格局小、碎片化、学习浅等问题，而这些问题的主要成因是我国语文教育教学以单篇化的课文为主，缺少整本书阅读的辅助。近年来，整本书阅读作为一个新的阅读教学理念受到越来越多教师的关注。对于阅读教学来说，整本书阅读弥补了现行单篇阅读教学的不足，拓宽了学生的阅读视野，提高了学生的阅读速度。但是该选择哪些书籍进行整本书阅读，怎样让学生在自主阅读中体验乐趣还需要我们不断摸索。

著名教育家霍懋征老师曾尝试一学期教95篇文章，"本着数量要多、速度要快、质量要高、负担要轻的目标，把着眼点放在学生能力的培养上"。情境教学的倡导者李吉林老师明确指出："应加大阅读教材的量，强化语言的规范性，入选较大比例的名家名著、优秀文学作品以及一定数量的科普、应用、说明文体的范文。"窦桂梅老师的主题教学、周益民老师的民间文学主题教学、李怀源老师的"单元整体课程建设"等，都给我们主题阅读课程的开发提供了宝贵经验。

（一）主题阅读的概念

主题阅读，是指围绕某个主题，将两个以上的读本组合在一起，通过教师阅读指导，学生围绕相关的话题，通过自主阅读、读书分享、分组探究等方式开展阅读活动。

主题阅读的读本是围绕着某个主题选择的两本以上的书籍；主题的选择是多维度、丰富的，不同于我们教材中的单元主题。"主题"可以是关于人文内容的，也可以是关于文体的，还可以以作家或时间为主题选择读本。

主题阅读的教学与日常语文教学是有区别的，在主题阅读课上以学生阅读体验、阅读分享为主，教师只是阅读活动的组织者。活动中不对读本内容进行分析和讲解，更尊重学生的阅读个性化体验及同伴的互相启发。

主题阅读读本至少要有两本相关的书籍，导读课上教师对主题进行引导并推荐一到两本书籍，学生在自主阅读阶段也可以根据自己对主题的理解自由选择其他读本。

（二）主题阅读的意义

1. 主题阅读的课程作用

《义务教育语文课程标准（2022年版）》在"整本书阅读"学习任务群中指出了整本书阅读的总目标："引导学生在语文实践活动中，根据阅读目的和兴趣选择合适的图书，制订阅读计划，综合运用多种方法阅读整本书；借助多种方式分享阅读心得，交流研讨阅读中的问题，积累整本书阅读经验，养成良好阅读习惯，提高整体认知能力，丰富精神世界。"这里隐含着显性的和隐性的目标：显性的目标主要是凭借整本书阅读让学生建构自己的阅读经验，形成阅读的能力，养成良好的习惯；隐性的目标就是通过整本书阅读，促进学生文化的学习，以及世界观、人生观、价值观的形成。我们开发实施"主题阅读"课程的作用就是提高学生语文学科的核心素养，使学生达到"语言的建构与运用"的目的，并在此基础上发展与提升学生的思维，使其形成一定的审美鉴赏与创造的能力，热爱祖国文字，理解和传承不同民族和地区的文化。

2. 主题阅读的教学意义

开展整本书阅读教学有利于培养学生语文学科的核心素养。高中新课标明确提出了学科核心素养的概念，语文核心素养主要包括"语言建构与运用""思维发展与提升""审美鉴赏与创造""文化传承与理解"四个方面，整本书阅读让学生在这些方面的能力得到提升。首先，学生在接触优秀的语言材料的过程中能建构自己的语言，比如有的学生读完整本书后，能模仿书中的语言特点写文章。其次，学生在阅读整本书的过程中，会进行预测书中的情节、想象书中的人物形象、思考前后章节的关系、对比书中的人物、揣摩作者的语言、续写故事等一系列活动，在这一系列活动中，学生的直觉思维、形象思维、逻辑思维、辩证思维、创造性思维会得到有效锻炼，思维品质也将得到提升。最后，学生在整本书阅读的过程中，也逐步培养起自己的审美意识和鉴赏品位，受到文化的熏陶。在语文阅读中，文化自信、思维能力、审美创造都是以语言运用为基础的，并在学生个体语言经验的发展过程中得以实现。

3. 提升学生核心素养

（1）重视文化自信

我国语文教学重视"文化传承与理解"的目的是让学生"提升中国特色社会主义文化自信，热爱祖国语言文字，热爱中华文化，防止文化上的民族虚无主义"。学生通过阅读与母语文化产生共鸣，才能形成植根于中华文化的思考和表达的能力。教师在主题阅读活动中通过阅读作品创作背景的方法，促进学生的理解。比如，《桃花鱼婆婆》是一本具有民族特色的绘本，这本书是关于湘西苗族的故事，因为苗族只有语言没有文字，插画作家便采用蓝色为主的彩铅结合湘西苗族的蜡染和苗绣的形式来进行创作。教师在指导孩子读这本绘本时，可以通过介绍湘西蜡染、苗绣等民族特色，使学生加深对绘本故事以及湘西文化的理解。

（2）落实语言运用

学生的语感的培养并不是靠一本书就能完成的，它需要学生的大量阅读。在理想的主题阅读教学中，教师应充分激发每个学生的阅读兴趣，鼓励每个学生坚持阅读；教师还应提高每个学生语言运用的能力，让学生学会表达。教师在开展主题阅读教学时，除了要检查学生的语言材料的积累，还要关注学生语言活动经验的积累。比如，在"地"主题阅读中，教师选择大地上的动物为阅读内容，指导孩子读绘本《我家是动物园》。教师先要带孩子一起大声读绘本，引导孩子感受绘本中重复出现的"这是……其实呢……他是……因为……"这样的句式带来的幽默感，在阅读交流活动中指导学生用类似的句式介绍自己的家人，最后再进行创编《我家是_____》（提示：可以写植物园、图书馆、厨房……）。教师利用主题阅读的读本来开发教学资源，对学生进行听、说、读、写的训练，提升学生语言运用的能力。

（3）着眼思维能力

思维能力的发展，能促进儿童思维品质的提高。教师应利用主题阅读的读本，提升学生思维的深刻性、敏捷性、灵活性、批判性和独创性。比如，"家"主题阅读中读《梁启超和他的儿女们》《傅雷家书》这两本书时，可以让学生通过阅读探讨"什么样的家庭能培养优秀的人？"，让学生通过辨析，从其中找出"家风""家族关系""成长目标"对子女成长的影响，学生通过阅读、思考、辨析，树立成长目标，学会与家长沟通成长的需求，提高自身的思维能力和思维批判性。

（4）关注审美创造

课标指出教师应通过整本书阅读教学使学生能初步鉴赏文学作品，丰富自己的精神世界。低年级学生以再造想象为主，模仿能力较强，不具备独自表现、创造美的能力。教师应通过主题阅读活动使学生积累阅读经验，提高认识水平，指导学生利用不同的形式去表现、创造美。例如，在低年级"乐"主题的阅读中，学生了解了很多音乐家的故事，他们也展示了自己的音乐才艺，并学着以阅读材料中的方式对自己习得的技能进行讲解，把阅读与审美创作整合表现出来。中、高年级学生的抽象思维逐渐增强，他们能在主题阅读活动中欣赏文学作品，也能在交流活动中表达对美的感悟，并把阅读体验延伸到对美的追求和创作中。比如，在中年级"山"主题阅读中，学生不仅读了关于山的书籍，还看了一些视频纪录片。在"分享屋"模块，学生可以把自己读到的内容画出来，还可以策划一次实践旅行，结束后可以再次与同学分享。这样的设计把阅读、交流、实践、再交流串联起来，使阅读活动与审美创造相结合，让阅读更丰满。

二、选择合适的"主题"

阅读"主题"是对标题、话题、概念、事件或问题的总称。主题阅读中的"主题"是学生选择读物的方向，也为学生读后参与活动提供共同语境。

为方便指导学生选书，可以把主题分为六类：

（1）特定文体主题：童话故事、诗歌、散文、小说等。

（2）科学自然主题：与科学或自然有关的文本。

（3）人物故事主题：中外人物的故事。

（4）生活万象主题：学生成长经历、节日或生活故事。

（5）历史人文主题：古今历史、世界各地文化风情等。

（6）抽象思考主题：学生需要思考主题的含义，再选择相应的读物阅读。

（一）主题阅读的知识构成

1. 主题阅读的内容

学生应在教师指定主题范围内选择阅读两本以上的书。这里的"书"并不是前后无任何逻辑关联的杂志类书籍或者童谣、儿童诗等以"集"形式出现的作品，而是围绕着一个主题的一类长篇小说、著作、图画书等一系列完整的书籍。在完成主题阅读的过程中，学生能对主题有一个比较丰富、立体、完整、全面的认识，并在这样的阅读过程中形成多维度的认知结构。

2. 主题阅读的方法

主题阅读的方法包括精读、略读、浏览。阅读方法的选择应该根据阅读目的来确定，学生要学会综合运用这些方法去读懂整本书。比如，对一本书初读可用略读的方式，了解大概内容；需要寻找关键信息可以用浏览的阅读方式；在同伴分享等阅读活动中，对于值得探究的语言、内容可以精读，以对读本中的一个或几个问题开展探究。

3. 主题阅读的教学方式

主题阅读教学内容是由师生共同商定选择的一系列书籍。学生阅读整本书主要是利用课内外时间进行自主阅读。教师的主要任务是激发学生对主题的兴趣，列出学习目标，组织阅读活动，引导学生交流探究。教师是主题阅读的参与者，师生关系是平等的，教师不能将主观想法灌输给学生，限制学生的阅读体验和思考，而应鼓励学生大胆表达自己的看法并予以保护和支持。

（二）选定阅读主题的基本方法

1. 兴趣导向

根据学生阅读兴趣选定主题。避免过多从积累词汇、丰富知识角度进行选择。

2. 自由选择

可由教师先按照学生意向设计若干主题供学生选择，也可由学生自己提出主题，还可由教师先设定一个大主题，然后师生通过讨论形成次级主题，供各个阅读小组选用。

3. 数量不定

一般来说，每次主题阅读活动，全班可选定1~3个阅读主题。这样既能在一定程度上满足学生的自主阅读需求，也能方便教师的指导及学生之间的交流。

4. 逐步抽象

对小学低年级学生，可设计一些意思具体、明确的主题，如"趣味大自然"；而对于中、高年级学生，则可以尝试一些较为抽象的主题，如"怎样让世界变得更美好"，因为他们已经具备一定的阅读能力，借此可进一步发展更复杂的思维能力。

三、主题阅读的实施

《义务教育语文课程标准（2011年版）》中倡导少做题，多读书，好读书，读好书，读整本书，注重阅读引导，培养学生的阅读兴趣，提高学生读书品位，鼓励学生自主阅读、自由表达。我们围绕具体主题选择相关阅读文本进行组合，组织学生进行综合性阅读的学习活动，创设将阅读搬进课内的一种课内外阅读有效融合的全语言学习。基于语文核心素养的主题阅读和教学实践，有助于构建更具科学性和逻辑性的理论研究框架及探索更加适合小学生的阅读主题。

我们在尝试改变语文课只学语文书的情况下，也尝试改变阅读只在课外的现象，从而帮助语文教师在教学过程中提升学生的语文核心素养水平和阅读水平，为语文教师阅读教学提供新的思路和对策，进一步为核心素养的落实奠定基础。培养学生阅读能力，对学生进行语言积累和规范、思维方法掌握与整合、审美感知和经验积累、文化身份和归属感建构都有很大的促进作用。

（一）主题阅读课程实施观点

学生核心素养的提升是循序渐进的不断积累的过程。在教学实践中，我们从主题教学资源出发，并向外拓展延伸，将课内外资源有效整合，多元展示整本书阅读成果。

1. 主题为核，提升素养

指导学生紧扣一个主题进行阅读实践，一线串珠，巧妙整合，立体化地进行阅读。让学生在阅读的过程中进一步深化感悟、增长知识，激发热爱生活、热爱祖国的情感，提升语文核心素养。

2. 组合文本，形成体系

围绕具体主题选择相关阅读文本进行组合，组织学生进行综合性阅读的学习活动，探索适合小学生阅读的主题。使不同年级阅读主题广度与深度呈螺旋式上升，进而形成经典性、多样性相统一的主题阅读资源体系。

3. 五大模块，建构模型

以"朗读亭""探究室""分享屋""实践园""加油站"五大模块开展主题阅读教学设计，为主题阅读教学设计提供了参考范例。五大模块各有重点，各个模块紧密相关，关注学生的主题阅读广度与深度。

（二）主题阅读体系建立

主题阅读课程立足育人培养点，关注文体特征，进而探索适合小学生阅读的主题。考虑学生的年龄特点和学段特点，确立每个年级不同的阅读主题。鉴于学生身心发展特点的阶段性，不同年级阅读主题广度与深度呈螺旋式上升，进而形成经典性和多样性相统一的主题阅读资源体系。例如，第一学段阅读主题是"礼""乐""天""地"；第二学段阅读主题是"诗""画""山""海"；第三学段阅读主题是"家""国""春""秋"。十二个主题有革命文化，有中华传统，有艺术形式，有自然科学，涉及领域广泛。当然，除了这些主题，我们还会在课程实施的过程中，根据热点话题、学生需求、校园活动等增加一些主题，用阅读拓展学生的知识结构及分析问题、解决问题的能力，把阅读活动与学生实际学习和生活结合起来，让阅读成为学生成长中不可分割的一部分，也使学生养成通过阅读解答自己不了解、有困惑的现实问题的习惯。

（三）主题阅读课程实施策略

为实现育人价值，切实转变阅读教与学的方式，落实立德树人根本任务，全面提升学生的核心素养，主题阅读课程致力于以阅读为前提，以模块化的教学设计为教学实施的重要途径，分"朗读亭""探究室""分享屋""实践园""加油站"五大模块开展主题阅读。

1. 朗读亭

每个主题的阅读从朗读活动开始，由教师带领学生通过朗读诗歌、散文、经典文段走进主题，激发学生阅读兴趣。

2. 探究室

指导学生从教师推荐的书目中了解阅读主题，并自主挑选更多的文本阅读材料去深入探究有关主题的文化，提升学生阅读的深度、广度。

3. 分享屋

为学生提供分享的平台，使各个模块紧密相连，关注学生的主题阅读广度与深度，让学生体验阅读的成就感。

4. 实践园

每一个阅读主题都与现实生活相关，该模块可以通过小实验、小制作、调查研究等方式打开阅读的实践空间，阅读不仅仅是人与文本的交流，通过阅读获得的知识和经验也可以应用于实践。

5. 加油站

该模块的设计进一步拓展了阅读实践。在之前四大模块的基础上，通过教师引导或同伴启发，每个学生都会产生个性化的需求，这时学生就可以通过阅读加油站继续探究，加强研究、创新意识。

第一学段
主题阅读

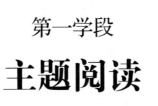

第二学段
主题阅读

第三学段
主题阅读

"礼"主题阅读案例（一）

【课例名片】

年　级：一年级

设计者：姚　希　深圳市宝安区凤岗小学

【教学内容】

1.《三字经》

2.《幼儿礼仪早知道》

3.《听爸爸妈妈讲　礼仪故事》

4.《儿童文明礼仪必备画册》

【教学目标】

1. 正确、流利、有节奏地朗读《三字经》节选部分，感受《三字经》的节奏感和韵律感，做到熟读成诵，积累语言。

2. 通过多种形式的诵读，初步了解《三字经》中所讲述的故事和礼仪。

3. 通过阅读《幼儿礼仪早知道》《礼仪故事》《儿童文明礼仪必备画册》，从故事中了解每个人成长过程中需要懂得的现代礼仪，从而做一个懂礼仪、受人欢迎的孩子。

4. 通过阅读过程中的实践活动，学会在具体情境中分辨、运用礼仪。

【教学过程】

—第1课时　朗读亭—

（一）介绍《三字经》

《三字经》自南宋以来，已有七百多年历史，是学习中华传统文化不可多得的儿童启蒙读物，共一千多字，可谓家喻户晓、脍炙人口。《三字经》语言简单，但却包罗万象，内容涵盖了中国传统的教育、历史、天文、地理、伦理、道德以及民间传说。让我们一起走近《三字经》，去品读经典吧！

（二）初次诵读，感悟体会

1.出示节选的《三字经》。

为人子，方少时……父子亲，夫妇顺。

2.学生尝试初读。

（1）观看《三字经》节选朗读视频，引导学生对照视频纠正读音。

（2）学生同桌间合作，互相正音。

3.理解句意。

（1）教师结合视频解释句意，讲述黄香温席、孔融让梨的故事。

（2）学生小组合作，挑选其中一句谈谈感悟。

（3）交流分享。

（三）再次诵读，熟读成诵

1.以各种形式诵读，如拍手读、配乐读等。

2.分组比赛，背诵积累。

（四）总结巩固

中华经典的铿锵音韵在我们耳边回响，中华经典的千古风韵在我们心头荡漾。让我们以《三字经》来规范自己的行为，争做"身体壮、心智强、习惯好、讲诚信、爱学习、懂感恩、有教养、善创新"的合格小公民吧！

—第2课时 朗读亭、探究室—

（一）朗读亭

朗读《校园文明礼仪行为规范三字歌》（节选）。

上学、放学

上放学，要遵循：人行道，靠右行；斑马线，过马路；

红灯停，绿灯行；出教室，要安静；排好队，到校门；

接送卡，带身上；亲未到，门内等；离校后，不打闹；

不乱跑，不串门；流动点，不买食；吃东西，讲卫生。

上 课

铃声响，进教室；备学具，候老师；老师到，要问好；

躬必敬，身要直；迟到了，要报告；准进后，声勿吵；

老师讲，认真听；讨论时，多思考；要发言，先举手；

同学说，不讽嘲；下课后，谢老师；师先行，生再走。

课 间

出教室，不吵闹；不攀爬，不奔跑；

上下楼，靠右走；拐角处，不逗留；

上厕所，要有序；方便后，要冲洗；

楼道走，讲文明；要礼让，不拥挤。

卫 生

同学们，要记下：勤洗手，勤洗头；勤换衣，剪指甲；

打喷嚏，避开人；有垃圾，不乱抛；不乱吐，口中物。

（二）探究室

1.投屏阅读绘本《幼儿礼仪早知道·穿衣礼仪》。

绘本共有20页，包含了礼仪知识讲解、问答，如：

（1）脏衣服的处理步骤。（实践：判断对错）

（2）怎样避免衣服变得皱巴巴呢？

（3）衣服要穿对场合才得体，这也是礼貌的体现。（实践：连线题）

2. 总结。

穿衣服要干净、整齐、简单、舒适；穿对场合，配对颜色；穿衣礼仪很重要。

3. 补充拓展。

投屏阅读故事《听爸爸妈妈讲 礼仪故事》中的《穿燕尾服的熊》。

启发学生不仅要衣着得体，更要注意礼貌和修养。

—第3课时 探究室—

（一）投屏阅读故事《听爸爸妈妈讲 礼仪故事》中的《"贪吃"的小猪》

1. 哪位同学可以来给大家读一读这个故事呢？

2. 你喜欢故事中的小猪吗？为什么？

3. 读完这个故事，你明白了什么道理？

教师小结：吃饭时，如果我们乱翻盘子里的食物，专挑自己喜欢的吃，完全不顾他人的感受，会让人觉得我们自私、无礼，以自我为中心。我们与他人一起吃饭时，一定要遵守用餐礼仪。

（二）投屏阅读绘本《幼儿礼仪早知道·就餐礼仪》

1. 阅读绘本。

绘本共有20页，包含了就餐礼仪知识讲解、问答。

2. 总结用餐规矩。

不喧哗，不乱跑；不敲餐具，不打闹；长幼有序，不打扰；吃多少，拿多少；剩下饭菜不回倒；细嚼慢咽身体好；餐后谢谢有礼貌。

——第4课时 探究室、实践园—

（一）探究室

1. 投屏阅读《听爸爸妈妈讲 礼仪故事》中的《玩具回家了》。

（1）哪位同学可以来给大家分享一下这个故事呢？

（2）玩具为什么离开桃桃？

（3）后来这些玩具为什么回家了呢？

（4）你喜欢桃桃吗？

（5）读完这个故事，你明白了什么道理？

教师小结：不会使用礼貌用语可以学，知道自身的不足后要学会改正，只有这样，我们才能成为懂礼貌、有修养的好孩子。

2. 投屏阅读《儿童文明礼仪必备画册》中的绘本故事《讨人喜欢的文明用语怎么用？》。

（1）导语：上面故事中的桃桃一开始因为没有使用礼貌用语，她的玩具纷纷离开了她，后来她改正了自己的错误，玩具们就都回家了。可见，礼貌用语的用处真大呀！我们常用的文明用语有哪些呢？让我们一起来看看吧！

（2）阅读绘本。

（二）实践园

情景一：

今天你和爸爸妈妈搬进了漂亮的新家，你真高兴！就在你走出屋门搬家具的时候，隔壁走来了一位你不认识的阿姨，你觉得这时你应该：

A.我又不认识她，搬着家具进屋就好了。

B.认认真真地对她鞠躬，向她说："阿姨好！"

情景二：

你在自家的院子里踢足球，没想到用力过猛，球从围墙上飞了出去。你出去一看，一个老爷爷正一手抱着足球，一手捂着自己的腿。你觉得这时候应该对他说：

A.老爷爷，请赶快把球还给我吧！

B.老爷爷，对不起，我不小心把球踢到您身上了。您没有受伤吧？

情景三：

今天是你的生日。一大早，你家就来了好几位亲戚。你的表妹笑嘻嘻地走到你面前，将一个礼物递给你，说："生日快乐！这是给你的礼物。"你觉得这时你应该：

A.一把抢过礼物，兴冲冲地打开。

B.接过礼物，对表妹说："非常感谢！"

情景四：

你正在小区里玩，突然看见你的朋友小春站在楼梯口，一脸愁容。他的身边放着一个大箱子。看起来，他想把这个箱子搬走，可是力气不够。你觉得这时你应该：

A．走过去对小春说："小春，你好，我来帮你吧！"

B．这事情看起来挺麻烦的，还是装作没看见吧。

（三）教师总结

各种文明用语间有着一个共性，就是表达了真挚、文雅有礼貌的态度。别的话语虽然也可以表达类似的意思，但使用文明用语可以体现出自己的礼貌和修养，有助于沟通交流。所以，在生活中，尽量多用文明用语吧！

—第5课时　探究室、实践园—

（一）回顾旧知

1．简要复述上节课的故事内容。

2．回顾上节课所学的礼貌用语、礼仪知识。

（二）探究室

1．投屏阅读《听爸爸妈妈讲　礼仪故事》中的《神奇的房子》。

（1）哪位同学可以给大家复述一下这个故事呢？

（2）你觉得这个房子好客吗？

（3）为什么小熊、小狼进入这座房子的时候，房子都不回答呢？

（4）读完这个故事，你明白了什么道理？

教师小结：这座房子就像是一面镜子，它将小动物们的优点和缺点都映照出来了。我们对别人谦逊有礼、客气周到，别人就会对我们热情大方；相反，我们对别人粗鲁无礼，就只会得到别人冷漠的回应。

2．投屏阅读《儿童文明礼仪必备画册》中的《与人沟通有哪些礼貌的细节？》。

教师小结：礼貌是藏在生活的细节之中的，只有注意自己的一言一行，才能真正做一名"文明礼貌小达人"！

（三）实践园

学习完这一章后，相信小朋友对于文明礼仪的诸多细节已经有了充分的了解。不过，了解归了解，要能在生活中实际使用，才能称得上切实掌握了文明礼仪知识。下面有几个具体的情景，请小朋友判断一下，哪种做法才是正确的。

情景一：

你正在和你的朋友小王聊天。忽然，你看到远处有几个人正在踢足球。他们踢得很精彩，你忍不住想多看几眼，这时，你会：

A. 一边盯着踢球的人，一边听小王说话。

B. 目视小王，认真听他讲话。

情景二：

你的朋友小李给你打了个电话，但是动画片马上就要开始了。你听他说了半天，终于弄明白了他想要说的事情。于是，你决定：

A. 表明自己已经理解了小李的意思，问他还有没有别的事，确认没有后再跟他告别。

B. 太麻烦了，告诉他动画片要开始了，就挂电话吧。

情景三：

你正在教室和同学们聊天，忽然，一个人说道："对了，昨天小红穿了件新的裙子，那裙子可真够难看的。"其他人也纷纷议论起来，而你：

A. 这个话题有意思，跟他们一起聊。

B. 背后评论人不好，还是干自己的事情去吧。

情景四：

你今天第一次见到其他学校来参观的同学，他们对你很好奇，便请你介绍一下自己。说到你的特长，你想起自己会拉小提琴，就说：

A. "我的小提琴拉得可棒了，别人都比不了我。"

B. "我学过小提琴，会拉一些曲目。"

（四）教师总结

这节课我们学习的是在不同情境、不同场合中所要注意的礼仪细节。希望同学们能对这些细节有深刻的认识，在以后的生活中时刻注意，成为"文明礼仪小达人"。

—第6、7课时　分享屋—

（一）结合所学，情景演练

1. 小组讨论：同学们，遇到以下情况你会怎么做呢？

（1）上课时老师进行提问，你很想发言，你要遵守怎样的礼仪呢？

（2）今天你忘记带橡皮擦了，向同桌借时，你要遵守怎样的礼仪呢？

（3）当你要进入教师办公室时，你应先怎么做呢？

（4）当你要坐公交车时，你要遵守怎样的礼仪呢？

（5）张阿姨打电话找妈妈，可妈妈不在家，你该怎么说呢？

2. 请学生模拟上述情景，台下同学纠正。

3. 观看礼仪小视频。

（二）投屏阅读《听爸爸妈妈讲　礼仪故事》中的《爱发脾气的小板凳》

1. 故事中的小板凳真的爱发脾气吗？

2. 故事中哪些小动物摔跤了呢？

教师小结：是啊，小板凳并不是真的爱发脾气，它只是懂得尊老爱幼。我们也要学小板凳，对老弱病残孕要谦让并适时伸出援助之手，做一个有爱心的人。

（三）阅读礼仪故事《敲门》

敲　门

一天晚上，我正在房间里做作业，突然听到轻轻的敲门声。是谁？爸爸？他还没回家呢。妈妈？她正在做家务呢。对了，一定是楼上或楼下的人家的敲门声吧，我便继续做我的作业。刚动笔，我又听到了一阵轻轻的敲门声，随即传来妈妈的声音："宝贝，妈妈可以进来吗？"啊，原来是妈妈，我赶紧喊道："妈妈，快进来吧！"妈妈微笑着进了门。我不解地问："你想进来就进来好了，为什么还敲门呢？"妈妈摸了摸我的头说："你正在专心地做作业，我突然推门而入，会吓你一跳的！""嘿，妈妈，我是小男子汉，我可不会被吓着的。""看你急的，最主要的是我这样做是对你的尊重，也是文明的表现呀！你说是不是？"妈妈笑眯眯地看着我。听了妈妈的话，我觉得妈妈比平时更美了。联想到平时我进出爸爸妈妈的房间都是长驱直入，我的脸红了，心里想：妈妈是用自己的实际行动在教育我，为我做榜样啊！

（四）畅所欲言

小组内分享说一说你身边的礼仪小标兵，或者分享关于遵守礼仪的小故事。

（五）反思评价

指导学生对本次的探究分享进行评价。

——第8课时　加油站——

（一）投屏阅读绘本《幼儿礼仪早知道·家庭礼仪》

1.阅读绘本。

绘本共有20页，包含家庭礼仪知识的讲解、问答。

2.补充阅读《弟子规》节选。

身有伤，贻亲忧。德有伤，贻亲羞。亲爱我，孝何难。亲憎我，孝方贤。

亲有过，谏使更。怡吾色，柔吾声。谏不入，悦复谏。号泣随，挞无怨。

亲有疾，药先尝。昼夜侍，不离床。丧三年，常悲咽。居处变，酒肉绝。

丧尽礼，祭尽诚。事死者，如事生。

（二）投屏阅读绘本《幼儿礼仪早知道·外出礼仪》

阅读绘本：绘本共有20页，包含外出礼仪知识的讲解、问答。

（三）观看视频《中小学文明礼仪》教育短片

带领学生观看视频，并请学生就视频说一说自己的感想。

"礼"主题阅读案例（二）

【课例名片】

年　级：二年级

设计者：蓝继荣　深圳市宝安区凤岗小学

　　　　蓝文艳　深圳市宝安区文汇学校

【教学内容】

1. 朗读《弟子规》节选和《校园文明礼仪行为规范三字歌》《文明礼仪诗》。

2. 阅读《听爸爸妈妈讲　礼仪故事》《影响小学生一生的100个礼仪》。

【教学目标】

1. 通过多种形式的诵读，初步了解《弟子规》中介绍的礼仪。

2. 阅读《听爸爸妈妈讲　礼仪故事》《影响小学生一生的100个礼仪》，从故事或视频中了解成长过程中需要懂得的现代礼仪，积累自己喜欢的故事和格言警句。

3. 知道文明礼仪对个人成长的重要性，感受中华优秀传统文化的魅力，养成良好的礼貌习惯和表达能力，做一个懂礼貌、受欢迎的孩子。

【教学过程】

—第1课时　朗读亭—

（一）聚焦导入语，引出《弟子规》

中华民族有五千多年历史，中国素有"礼仪之邦"之称。让我们一起诵读《弟子规》，感悟《弟子规》，把经典诵读融入每一天。

（二）童声吟诵显童趣，孩提视角读古文

1. 出示《弟子规》节选（一）。

> 父母呼，应勿缓。父母命，行勿懒。
>
> 父母教，须敬听。父母责，须顺承。
>
> 冬则温，夏则凊。晨则省，昏则定。
>
> 出必告，反必面。居有常，业无变。
>
> 事虽小，勿擅为。苟擅为，子道亏。

2. 朗读《弟子规》节选（一）。

（1）出示《弟子规》的相关诵读视频，引导学生对照视频纠正字音。

（2）学生同桌合作学习，互相纠正字音，有不懂的地方互相讨论。

（3）教师带读。

（4）指导学生用各种打节拍的方式读，读出韵律感、节奏感。

（5）分小组比赛读。

（6）背诵积累。

（7）唱一唱《弟子规》节选（一），增强课程内容的趣味性。

3. 初步理解《弟子规》的内涵。

（1）教师讲解《弟子规》的创作背景，引导学生说一说对《弟子规》的理解。

（2）小组合作，挑选《弟子规》中的一句，结合生活实际谈感悟。

（3）学生分享感悟，针对说得不对的地方，同学和教师作指正和补充。

（4）拓展阅读《黄香温席》的故事，明白"冬则温，夏则凊"的意思。

（5）引导学生检视自己，请学生结合生活实际谈谈自己在礼仪方面哪里做得比较好，哪里有需要改进的地方，让学生各抒己见。

（6）教师小结：同学们，让我们来比一比，看谁把《弟子规》里的礼仪在生活中践行得最好。

（三）不学礼无以立，校园文明需学习

教师导入：同学们，我们已经熟知了《弟子规》中的礼仪，让我们也来了解一下《校园文明礼仪行为规范三字歌》中的现代礼仪。

1.出示《校园文明礼仪行为规范三字歌》（节选）。

进出办公室

同学们，有礼貌：先敲门，再报告；老师准，方可进；

说事情，语气缓；告别时，说再见；离开时，轻关门。

升旗仪式

升国旗，要庄严；不嬉闹，列队齐；唱国歌，要肃立；

音调准，要洪亮；听发言，要安静；聆听毕，要鼓掌。

午餐午休

校园餐，要做到：食不言，寝不语；领餐时，排好队；

进餐时，不挑食；不走动，不喊叫；残留物，不乱倒。

2.多种节拍方式朗读，读出节奏。

3.熟读成诵，铭记于心并践行。

（四）课后朗读拓展

朗读《弟子规》的其他内容与故事。

—第2课时 朗读亭—

（一）朗读《弟子规》节选（二）

1.出示《弟子规》节选（二）。

> 物虽小，勿私藏。苟私藏，亲心伤。
>
> 亲所好，力为具。亲所恶，谨为去。
>
> 身有伤，贻亲忧。德有伤，贻亲羞。

亲爱我，孝何难。亲憎我，孝方贤。

亲有过，谏使更。怡吾色，柔吾声。

2. 朗读《弟子规》节选（二）。

（1）学生用第一课时掌握的方法正确读出以上《弟子规》的韵律感、节奏感。

（2）拍手唱一唱《弟子规》节选，增强课程内容的趣味性。

3. 初步理解与践行《弟子规》。

（1）在教师的引导、同学的协助下初步理解《弟子规》的意思。

（2）教师举例讲《婉言劝父》的故事，让学生明白"亲有过，谏使更。怡吾色，柔吾声"的意思。

（3）对比《弟子规》，请学生谈谈自己生活中的言行，如自己在礼仪方面哪里做得比较好，哪里有需要改进的地方，让学生各抒己见。

（4）老师小结：同学们，让我们来比一比，看谁把《弟子规》里的礼仪在生活中践行得最到位，比赛胜利者将得到老师的神秘奖励。

（二）朗读积累

1. 出示《文明礼仪诗》一首。

文明是一朵花

一朵充满香气的花。

礼仪是一首歌，

一首悠扬动听的歌。

我们要做文明礼仪的小使者，

让文明礼仪的种子生根发芽。

当你见到老师，

挺胸抬头，行着队礼说一声"老师好"，

老师一定会给你一个甜美的微笑。

当你不小心踩到别人的脚，真诚地说一声"对不起"，

别人一定会原谅你，并且说一声"没关系"。

当你看到校园里的垃圾，低头把它轻轻地拾起，校园定会变得更美丽！

2. 教师指导朗读，让学生读准字音，读好停顿。

3. 熟读成诵，铭记于心，践之于行。

（三）课后朗读拓展

阅读绘本故事《文明礼仪互动游戏有声书》。

—第3课时 探究室—

（一）读故事，明事理

1. 教师投屏阅读《听爸爸妈妈讲 礼仪故事》中的童话故事《买礼貌》。

2. 教师读故事，学生听故事。教师提出问题，让学生带着问题倾听：小熊能买到礼貌吗？小兔送给了小熊哪些礼貌用语？

3. 学生讲述故事大意或自己感兴趣的情节。

4. 学生分角色表演。

5. 学生谈谈这个故事给自己的启发。

6. 师生一起总结：礼貌并不需要去买，只要我们与他人相处时灵活运用礼貌用语，心中谨记对人以礼相待就会成为一个有礼貌、受欢迎的好孩子。

（二）看视频，谈感悟

1. 观看中小学文明礼仪教育短片。

2. 谈一谈：遵守学校礼仪要注意些什么？

3. 检视自己的言行。

4. 师生一起总结：我们学校正在创建文明学校，我们应当遵守学校的各种礼仪，从小做起，从小事做起，做一个人人都喜爱的礼仪小标兵。

（三）想情景，促践行

1. 情景小组讨论：遇到以下情景你会怎么做？

（1）上下楼梯时刚好很多人在走楼梯，你会怎么做呢？

（2）你上学迟到了，刚好遇到升国旗，你会怎么做呢？

（3）课间活动时你会遵守怎样的礼仪呢？

2. 学生两人一组讨论。

3. 学生各抒己见。

4. 演一演：你迟到了，刚好遇到升国旗，你会怎么做？

5.师生一起总结在上述三种情景下需要注意的礼仪。

（1）上下楼梯靠右走，不大声说话，不推搡，不勾肩搭背。

（2）遇到升旗，要立刻停住脚步，肃立站好，面向国旗行队礼。

（3）课间不大声喧哗，不追赶，不打架，不攀爬，等等。

（四）唱歌曲，增趣味

学唱歌曲《咱们从小讲礼貌》。

（五）课后拓展阅读

1.阅读《听爸爸妈妈讲　礼仪故事》中的《绿小怪有喜事》《小枕头，等等我》等。

2.阅读《影响小学生一生的100个礼仪》。

—第4课时　探究室—

（一）读故事，明事理

1.教师投屏童话故事《小猪发脾气》。

2.教师读故事，学生听故事。带着问题倾听：小兔、小羊和小鸭都是小猪的好朋友，可为什么后来它们都不和小猪玩了？

3.学生讲述故事大意或自己感兴趣的情节。

4.学生分角色表演。

5.学生谈谈这个故事给自己的启发或谈谈身边同学中类似的案例。

6.师生一起总结：大家不喜欢结交不讲道理、不尊敬父母，也不尊重朋友的人。

7.学会积累《小猪发脾气》中的词句，养成积累的好习惯。（例如：大吵大闹、大哭大闹、从门缝里偷偷地往里面瞧、正在地上打滚、乱七八糟、皱起了眉头、手拉手一蹦一跳地走了）

（二）想情景，促践行

1.情景小组讨论：遇到以下情景你会怎么做？

（1）夏利同学想用彩色笔画画，可是自己没带彩色笔，她看到邻桌同学有，她就直接拿来用了，你有什么话要对夏利同学说吗？

（2）小明的课桌下有一张纸屑，卫生委员叫他捡起来，他却说："不是我丢的。"作为他的同学，你会怎样做，又会对小明说些什么呢？

2. 学生两人一组讨论。

3. 学生各抒己见。

4. 学生分角色演情景（2），进行口语交际。

5. 师生一起总结：借东西时要尊重物品的主人，先问问物品的主人同不同意，这是最起码的礼仪。班级卫生人人有责，脚下有垃圾就要及时捡起，这是班级小主人应该做的事情。

（三）看视频，谈感悟

1. 观看拓展视频，了解公共场所需要注意的礼仪。

2. 说说你身边遵守公共场所礼仪的事例。

3. 梳理总结在公共场所需要注意的各种礼仪。

（四）唱歌曲，增趣味

学唱儿歌《文明形象礼仪新童谣》。

（五）课后拓展阅读

《粗鲁的小老鼠》《小猴打电话》《影响小学生一生的100个礼仪》

—第5课时　探究室—

（一）听故事，明道理

母鸡孵小鸡的时候，母鸡身体下边放着一堆鸡蛋，它天天趴在这堆鸡蛋上，用自己身体的热量去温暖这些蛋。鸡蛋吸收了母鸡的热量，慢慢变成了小鸡。母亲抚育我们的时候，也像抚育小鸡一样，非常艰辛。在我们小的时候家长要给我们喂奶、喂饭、换尿布，我们生病时他们还要带着我们去医院，半夜起来给我们喂药。风里雨里他们天天接送我们上下学。他们为我们拿书包，为我们撑雨伞。他们做好了饭菜等着我们回来吃。父母总是把最好吃的东西留给我们，可是我们的小朋友是否也能把最爱吃的饭菜留给父母吃呢？不要以为父母为我们所做的一切都是应该的，我们要对父母有感恩之心，有报答之愿！有的小朋友说等我长大了有工作了就去回报他们。世人说："什么都能等，只有孝敬父母不能等！"让我们从今天就开始孝敬自己的父母，为他们做一点力所能及的事。

1. 提问：

（1）你的父母最喜欢吃什么？

（2）我们能从哪些方面关心自己的父母？

2. 学生分享。

3. 师生一起小结：父母抚养我们花费了很多精力，把我们从小养大，我们要感谢父母的养育之恩，并且不能只挂在嘴上，一句"爸爸妈妈我爱你"是远远不够的！要落实到行动上，要从生活小事做起。

4. 积累古诗《游子吟》。

（二）共阅读，促探究

1. 阅读《听爸爸妈妈讲 礼仪故事》。

（1）导语：同学们，大家看看这本书的封面，猜一猜里面都讲了哪些故事呢？让我们一起走上礼仪故事之旅，看看这些小动物之间发生了哪些故事。

（2）学生以小组为单位，选择《听爸爸妈妈讲 礼仪故事》中的《特别的礼物》《小乌龟要来巴拉豆家》《屁股上的口香糖》任一篇共读。

（3）分组读一读：以小组为单位，选一个代表读一读故事里的礼貌用语。

（4）分组说一说：以小组为单位，说一说故事里的主人公做的对不对，正确的做法应该是什么？

（5）分组演一演：以小组为单位，演一演在故事里面对不同的情况正确的做法。

（6）教师小结：这三则故事都告诉我们讲文明、懂礼貌的重要性，我们也要向故事里有礼貌的孩子学习，做一个礼仪小少年。

2. 引导学生对《弟子规》进行探讨。

教师引语：请同学们选择感兴趣的问题，与小组成员一起讨论，也可以请教老师。

（1）《弟子规》提出了一些针对学童的生活规范，这些规范包括哪些方面？

推荐书籍：《听爸爸妈妈讲 礼仪故事》

推荐视频：小学生文明礼仪示范短片

（2）现代社会提倡人人平等，可《弟子规》中却说"长者立，幼勿坐。长者坐，命乃坐"。你同意这一观点吗？为什么？

推荐书籍：《礼仪和教养》

（3）积累《弟子规》中你最喜欢的一句话，和小组成员交流你喜欢这句话的理由。

推荐书籍：《儿童礼仪教养故事课》丛书

（4）请你尝试举出班上同学的不良行为的一个例子，然后用《弟子规》中的具体语句对该同学进行劝诫。

推荐书籍：《了不起的中华文明　你好，礼仪！》

3. 指导学生组建探究小组。

（三）小组合作解决问题

1. 引导学生分小组讨论，确定分工。

每个小组的组长要肩负起带领小组的责任，与组员一起商讨，确定各个成员的分工，要确保每个成员都参与其中。出现解决不了的矛盾或冲突时，及时向老师反馈。

2. 指导学生利用各种方式搜集资料。

针对探究的问题，为学生推荐一些相关的书籍和视频，学生可以利用课上和课后的时间阅读和查看，也可以根据自己要探究的问题搜集更多的资料。

学生有两周的时间搜集资料，搜集过程中有需要老师帮助的可以随时向老师反馈。

—第6课时　分享屋—

（一）汇报准备

1. 回顾探究的问题，为成果汇报做好准备。

2. 教师引语：

你们组选择探究的是什么问题？你们如何进行分工合作？探究前后你们的想法有什么不同？

各小组回顾探究的过程，可对小组分工、遇到的困难和问题以及解决的办法和印象深刻的经历等方面进行总结。

3. 指导学生借助小组讨论的内容和记录的笔记进行探究成果的梳理和

总结。

（二）成果汇报

1.各小组上台汇报探究的成果。

教师引入：经过大家的共同努力，各组都做好了汇报准备，现在请各个小组上台和大家一起分享小组的探究成果。

2.指导学生聆听其他组的汇报，相互交流，提出建议。

教师提示：其他小组在汇报的时候，台下的同学也要认真倾听，这既是对别人的尊重也是相互学习的好机会。这也是一种礼仪。关于其他小组的探究成果，有什么疑问或建议，大家可以一起交流。

（三）反思评价

听了大家的成果分享，你有什么感受？反思你们小组的探究历程，有哪些地方做得比较好，哪些地方还有待提高？其他小组有哪些地方值得你们学习？参考评价表，尝试对自己小组和其他小组的探究成果进行评价。

—第7课时　实践园—

（一）演一演

小组成员分工合作演出短剧，让学生找找看短剧中有哪些与《弟子规》的要求不一致的举动。

1.短剧演出。

（1）剧情：客厅里，妈妈在看书，小红和小明在看电视，他们两人笑得很大声并且聊得很开心。忽然门开了，原来是爸爸回来了。妈妈马上说："小红，小明，爸爸回来了！你们叫爸爸了吗？"两人只回答："喔，等一下我们快要看完了！"然后便不再理会父母。

（2）检讨错误。

请学生说出剧中人物哪些举动不合适，学生可能会回答剧中人没有做到：

①父母呼，应勿缓。

②尊长前，声要低。

③长者立，幼勿坐。长者坐，命乃坐。

（3）提出改进方法。

（4）请学生在座位上练习父母回家时欢迎的动作。

2. 正确演练。

（1）请小组成员再表演一次面对同样情境时，孩子该有的态度和行为。

（2）小组代表和老师总结。

3. 情景大考验。

日常生活中除了在家里让座给父母外，还有很多场所也有让座的机会，将场景画在黑板上，再请学生上台操纵人偶磁铁，将磁铁贴在合适的地方。

（1）老奶奶上公交车，可是前面的座位都坐满了……后面的座位上下车都不方便，不适合老人家，所以即使车上还有座位，还是要记得让座喔！（有的小朋友会不好意思让座给奶奶，所以继奶奶之后，可请爷爷上车，让小朋友有再次让座的机会，鼓励小朋友提起勇气开口）

（2）全家人假日去爬山，到山顶时只有两张椅子和两块石头……

（3）和妈妈逛百货公司时，脚酸得不得了，可是休息区都是人，只剩下一个座位……

（二）教师小结

《孔融让梨》是一个大家再熟悉不过的故事：四岁的孔融将小的梨子留给自己，大的留给别人，他并没有因此感到后悔，反而很满足。小孔融的行为让人钦佩，因为他懂得谦让，懂得使别人快乐。

—第8课时　加油站—

（一）读故事，明道理

读故事《扇席温被的黄香》。

（1）引导提问：

① 黄香在夏天很热的时候，如何照顾父亲？在冬天很冷的时候，又是如何做的呢？

② 黄香除了照顾父亲外，剩余的时间都在做什么？

③ 黄香被派到魏郡当太守时，有什么善行？

（2）学生分享。

（3）教师小结：

黄香在他9岁时就懂得照顾父亲，做力所能及的家务。他用功读书，孝顺父亲。他见大家有难，还把皇帝给他的赏赐全部捐出来帮助乡里，从而受到大家的感恩和爱戴。

（4）积累故事中的词句，如：非常悲伤、一直不离左右、特别寒冷、冰凉冰凉、天下无双等。

（二）看《孔融让梨》的故事学礼仪

观看礼仪小视频《孔融让梨》。

"乐"主题阅读案例（一）

【课例名片】

年　级：一年级

设计者：姚　希　深圳市宝安区凤岗小学

【教学内容】

1.《声律启蒙》。

2.《听，是谁在开音乐会》（绘本）。

【教学目标】

1. 朗读《声律启蒙》节选部分，感受节奏感和韵律感，做到熟读成诵，积累语言。

2. 通过阅读、聆听绘本《彼得与狼》《音乐森林》，以及《听，是谁在开音乐会》中的《贝多芬先生的客人》《乐器狂欢派对》《四季》，感受音乐之美。

3. 通过阅读课程中的实践活动，提高阅读表达和分享能力。

【教学过程】

—第1、2课时　朗读亭—

（一）介绍《声律启蒙》

在中国古代，诗词和对联是两种重要的文学形式，它们讲究格律和谐、对韵工整。在众多涉及声律的启蒙读物中，比较具有代表性的有清代学者车万育所著的《声律启蒙》。《声律启蒙》按韵排列，每韵有三则对文，从单字对、双字对、三字对、五字对、七字对到十一字对，对仗工整，平仄和谐，读起来朗朗上口。让我们一起走近《声律启蒙》去品读经典吧！

（二）初次诵读，感悟体会

1. 出示《声律启蒙》节选。

一东（节选）

云对雨，雪对风，晚照对晴空。

来鸿对去雁，宿鸟对鸣虫。

三尺剑，六钧弓，岭北对江东。

人间清暑殿，天上广寒宫。

两岸晓烟杨柳绿，一园春雨杏花红。

两鬓风霜，途次早行之客。

一蓑烟雨，溪边晚钓之翁。

二冬（节选）

春对夏，秋对冬，暮鼓对晨钟。

观山对玩水，绿竹对苍松。

冯妇虎，叶公龙，舞蝶对鸣蛩。

衔泥双紫燕，课蜜几黄蜂。

春日园中莺恰恰，秋天塞外雁雍雍。

秦岭云横，迢递八千远路；巫山雨洗，嵯峨十二危峰。

2. 观看《声律启蒙》节选朗读视频，引导学生对照视频纠正读音。

3. 同桌间合作，互相正音。

（三）再次诵读，熟读成诵

1. 以各种形式诵读，如拍手读、摇头读、配乐读等。

2. 分组比赛，背诵积累。

—第3课时 探究室—

（一）阅读绘本《听，是谁在开音乐会》中的《贝多芬先生的客人》

响亮的音乐从狮子路德维希·凡·贝多芬的新公寓里传出。那是多么美妙的音乐啊！他的邻居——猫头鹰夫人、猴子先生，以及虽然位列最后但极其重要的爱丽丝·豪猪，都听得入了神，他们或快乐地加入合奏，或随着音乐翩翩起舞……

到了晚上，屋子里烛光闪烁，窗外月光皎洁。猫头鹰夫人坐在一棵大树上，静静地聆听从房子里传出的钢琴声。虽然琴声断断续续，有时只是一段很短的试弹，但音符一次次地联结在一起，逐渐形成了一段美妙的旋律。

"贝多芬先生肯定在创作一首新作品。"猫头鹰夫人想。"真是太棒了，贝多芬先生！"猫头鹰夫人说，"我被您的音乐迷住了！""谢谢您的赞美。"贝多芬先生回答。像月光一样柔和庄严的鸣奏曲，这就是《月光奏鸣曲》。

这本绘本讲述了在美好的一天，贝多芬先生结识了很多朋友，豪猪小姐爱丽丝还满是赞赏地向他眨了眨眼睛。

大家听到他的曲子都很快乐，有的和他一起演奏音乐，有的会唱他的歌曲，还有的会在他的伴奏下翩翩起舞。

跟随马科·希姆萨这个富有想象力的故事，一起来认识著名的作曲家贝多芬以及他举世闻名的作品。

1. 教师边投屏，边讲绘本内容。

2. 学生边听教师讲绘本，边聆听音频。

3. 讨论交流：你喜欢贝多芬先生吗？

（二）介绍音乐家贝多芬的故事

路德维希·凡·贝多芬于250多年前出生在德国波恩。他在孩童时期就会弹钢琴、拉小提琴、奏管风琴，还会作曲，8岁时便迎来了自己的人生初舞台。22岁时，他搬到音乐之都维也纳定居，从此声名远扬。

不幸的是，贝多芬很早就失去了听觉。随着年龄的增长，他经常感到悲伤失落，有时还表现得非常暴躁。但令人惊讶的是，尽管如此，他仍能创作出一系列伟大的乐曲，尤其是他创作的9部交响曲、32首钢琴奏鸣曲和5部钢琴协奏曲等让他闻名世界。

—第4课时 探究室—

（一）阅读绘本《听，是谁在开音乐会》中的《乐器狂欢派对》

亲爱的孩子们，你们好！我听说，你们想了解多姿多彩的乐器世界？

那么你们来对地方了！在这儿，动物音乐家们将为你们展示各种不同的乐器！也许你们已经了解了一些乐器。什么？有人已经在学习演奏了？！

好了，让我们开始吧。我迫不及待地想向你们展示我们所有的音乐宝藏！

大家准备好了吗？我们从许多小朋友都会演奏的一种乐器开始。

1. 教师边投屏，边讲绘本内容。

2. 学生边听教师讲绘本，边聆听音频。

3. 讨论交流：你最喜欢哪种乐器的声音？

4. 游戏互动：教师在课堂上展示一些常见乐器，请学生闭上眼睛，摸一摸，弹一弹，猜一猜。

（二）拓展知识：中国民乐乐器

1. 观看学校民乐团演奏。

2. 认一认民族乐器：古筝、扬琴、二胡。

3. 在绘本中找民族乐器。

4. 说一说自己听过的民族音乐。

—第5课时 探究室—

（一）阅读绘本《听，是谁在开音乐会》中的《四季》

1. 教师讲绘本内容。

2. 学生边听教师讲解，边看绘本。

（二）教师根据绘本内容，引导学生思考、表达

1. 你知道这里都有哪些乐器吗？

2. 你会模仿鸟叫吗？

3. 你会如何模仿闪电声和雷声？

4. 想象一下，你在开满鲜花的草地上跳舞，你看到了什么？

5. 你会如何模仿雨滴声呢？

6. 看完这本绘本，结合你所听到的音乐，说一说，你最喜欢哪一个季节？

—第6课时　分享屋—

（一）阅读绘本《彼得与狼》

1. 教师讲绘本的内容。

2. 学生跟随教师讲解阅读绘本。

（二）教师总结讲故事的技巧

讲故事时，可以加入一些声音（可以用嘴巴模仿，可以用一些工具，也可以放音乐），这样会让你的故事听起来更加生动、有趣哦！

（三）畅所欲言

小组内分享说一说你最喜欢的音乐故事（可以是对课堂上看的绘本故事的复述，也可以是自己平时看的音乐故事）。

（四）反思评价

指导学生对本次探究分享进行评价。

—第7课时　实践园—

教师导入：同学们，经过了前面几节课的阅读，我们了解了许多音乐小知识，认识了不少乐器，相信有不少同学已经对音乐产生了浓厚的兴趣。这节课就让我们走进音乐游戏王国，用耳朵去聆听，用大脑去思考吧！

（一）畅游音乐游戏王国，养成认真聆听好习惯

音乐游戏一：听音乐，猜家居用品声音。

音乐游戏二：听音乐，猜人类动作声音。

音乐游戏三：听音乐，猜乐器声音。

音乐游戏四：听音乐，猜动物声音。

（二）讨论思考

生活中还有哪些东西可以用来当作乐器呢？

（三）一起来演奏

利用常用的物品或身体做乐器，尝试随着音乐一起演奏。

—第8课时 加油站—

教师导入：同学们，虽然这趟美妙的音乐之旅即将结束，但音乐将伴随我们一生。让我们一起看一看，在一片音乐森林里，发生了什么奇妙的故事呢？

（一）补充阅读绘本《音乐森林》

1. 自由阅读。

2. 小组分享阅读中觉得有意思的部分。

3. 小组选一个场景演一演。

（二）观看视频《声律启蒙》

1. 观看节目。

2. 交流收获。

"乐"主题阅读案例（二）

【课例名片】

年　级：二年级

设计者：蓝继荣　深圳市宝安区凤岗小学

　　　　蓝文艳　深圳市宝安区文汇学校

【教学内容】

1. 读带有"乐（yuè）"的词语、诗句。

2. 整本书阅读：《十大音乐家》《当音乐家去》《中国音乐故事》《写给孩子的艺术史：中国古代音乐故事》。

3. 观看有关"乐"的视频：《高山流水》、《地狱中的奥菲欧》、《水调歌头》、《中国唱诗班》之《游子吟》。

【教学目标】

1. 朗读有关"乐"的词语，积累有关"乐"的词句。

2. 通过阅读有关"乐"的现代诗和音乐家的故事，从故事和诗歌中了解音乐文化，感受乐器、乐曲之美。

3. 阅读《写给孩子的艺术史·中国古代音乐故事》，了解书中故事的主要情节，初步了解古代与音乐有关的传统文化，提升文化自信。

【教学过程】

—第1课时　朗读亭—

（一）图片激趣，走近乐器

1.导入：同学们请看图，你们认识哪几种乐器？

2.学生借助汉字说出乐器的名称。

3.学生简要说一说各种乐器的演奏方式。

4.游戏：教师用动作演示乐器的演奏方式，让学生猜猜是哪一种乐器。

（二）词语闯关，走进"乐"词

1.请学生读带"乐（yuè）"的词语，要求读准字音。

2.多种形式读词语。

3.游戏：猜一猜是什么词语。（出示图片、实物等）

4.总结读"乐（yuè）"的词语都与"音乐"有关。

（三）品读诗句，为"乐"而读

1.读古诗。

（1）教师出示带有乐器的诗句：

千呼万唤始出来，犹抱琵琶半遮面。（白居易《琵琶行》）

羌笛何须怨杨柳，春风不度玉门关。（王之涣《凉州词》）

（2）学生发现这两句诗的规律。（这两句里都有乐器的名称）

（3）学生想象乐器演奏的画面。

2.读现代诗。

（1）出示诗一首——《音乐》：

音乐大家都知道。

春天是一首词，

叮咚，

春泉踏着轻快的脚步来了。

沙沙，

小雨笑着来到了……

音乐,

一个美妙的名字,

像海浪一样欢快地打来,

又悄无声息地退下。

像雨水一般,

轻轻地敲打着树叶。

突然,

像狂风一样刮来!

音乐,

一个活泼的名字……

（2）边读边感受音乐的美妙和它带来的快乐。

（3）说一说：在你心里,音乐是什么?

（四）初读故事,了解"乐"咖

1.认识贝多芬,阅读《贝多芬的故事》。

2.分享读后感想。

—第2课时　朗读亭—

（一）乐器展演,为"乐"而奏

1.让学生出示自己准备好的乐器（实物或图片）。

2.介绍乐器的样子和演奏方式。

3.欣赏乐器演奏。

4.让学生说说听完演奏后的感受和自己最想学的乐器。

（二）自主展示,为"乐"而读

1.分享古诗。

①葡萄美酒夜光杯,欲饮琵琶马上催。（王昌龄《从军行》）

②独坐幽篁里,弹琴复长啸。（王维《竹里馆》）

译文：①葡萄美酒倒满了华贵的酒杯,正要畅饮的时候,歌伎们弹奏起急促欢快的琵琶助兴催饮,想到即将跨马奔赴沙场杀敌报国,战士们个个豪情满怀。

② 我独自坐在幽深的竹林，一边弹琴一边高歌长啸。

（1）读诗句，读出诗的节奏。

（2）感受乐器演奏的气氛。

2. 分享现代诗。

音　乐

我热爱音乐，音乐就像信仰一样，

能使我自由。

音乐是树荫下的一瞥阳光，

音乐是山谷里的一泉溪流，

音乐洗礼了心灵的珍珠，

音乐消除了凡尘的杂质。

我热爱音乐，音乐就像生活一样，

能使我成长。

（1）读出诗的节奏和感情。

（2）说一说，在你的生活中，音乐能带给你什么？

（3）说一说，你最喜欢的音乐是什么？

3. 分享《巴赫的故事》。

读后分享自己感兴趣的片段。

—第3课时　分享屋—

（一）寻"乐"之旅

1. 寻找关于音乐的优美句子。

示例：①音乐是一位好老师。它会将你的心灵从喧嚣和冗杂之中带出，带到一片净土，使你那烦躁的心平静下来。音乐是你开心时的朋友，音乐也是你失意时的伙伴。

②音乐是旅途上最好的充电器！

（1）读句子，感受音乐之美。

（2）模仿说一说：音乐是……

2. 寻找关于音乐的文章。

（1）读文章《我爱音乐》。

（2）同桌谈感受。

（3）说一说，你爱音乐吗？你有关于喜欢音乐的故事吗？

（二）读"乐"故事

1. 读《莫扎克的故事》。

2. 分享自己感兴趣的片段。

（三）赏"乐"之声

1. 自由阅读《世界十大音乐家》。

2. 分享读后的收获。

—第4课时　实践园—

（一）同享"乐"之果

1. 学生分享自己积累的关于音乐的句子。

① 音乐，人类的灵魂，只有懂得音乐的人才懂得生活。

② 动听的音乐就像美丽的蝴蝶在空中翩翩起舞，也像叮咚的泉水在山间流淌，有时候，还像璀璨的星辰在夜空闪烁。

2. 共读优美句子。

3. 仿说：动听的音乐就像……

（二）共读"乐"故事

阅读《当音乐家去》。

1. 选择你喜欢的音乐家的故事进行阅读。

2. 挑选自己喜欢的故事进行分享。

3. 简要谈一谈阅读后的感想。

（三）评选最美音乐人

1. 才艺展示。

（1）展示自己擅长演奏的乐器。

（2）展示自己的歌喉。

（3）展示自己懂得的乐理知识。

2. 学生选择一项自己擅长的才艺来展示。

3. 学生进行打分、点评。

4. 投票选出班级"最美音乐人"。

——第5课时 探究室——

（一）创设情境，激发阅读兴趣

"沂水流香雁过空，数尽经年琴瑟声。欲动心旌曲悠韵，书卷读罢再听筝。"我们在前面的课上初步了解了乐器以及音乐家的故事。如今古筝、二胡等已经是我们了解器乐艺术的重要途径，其背后流光溢彩的中国古代音乐却依然鲜为人知。《写给孩子的艺术史·中国古代音乐故事》将这些可歌可泣、可圈可点的音乐人及音乐故事——呈现，带领我们徜徉于曼妙多姿的中国古代音乐世界。

（二）书本目录我会看

1. 认识目录。

读目录，能帮助我们很快知道一本书的框架和结构。

（1）找一找，目录在什么地方？有什么特点？（目录一般都在每本书的最前面，由左右两列组成，一列是篇章的标题，一列是篇目对应的页码，它相当于一本书的内容提要，方便让读者定位想要阅读的内容）（课件出示《写给孩子的艺术史·中国古代音乐故事》目录）

（2）谁愿意来读一读目录上的内容？

目录读完了，你对哪些故事感兴趣？为什么？（学生交流汇报）

（3）我来问你来答。（教师出示小故事的名字，让学生看该故事在多少页；教师出示页码，让学生看该页码的故事叫什么名字；教师出示故事名字，让学生找和它相邻的故事名字）

2. 看图猜故事。

看看下面的图片对照目录来猜一猜是哪个故事，然后翻到相应的页码，读一读看自己是否猜对了。

小结：目录让我们提前知道了一本书主要写了什么，会有哪些篇章，分别在哪一页。我们既可以按照目录的顺序阅读，也可以选择自己感兴趣的篇章进行阅读，还可以在读完之后再选择自己余味未尽的篇章再读。

（三）精彩片段我来读

这本书除了有趣的名字，还有很多有意思的句子，我们一起来读一读。

（四）趣味故事我来评

从今天起，我们就要开始读《写给孩子的艺术史·中国古代音乐故事》这本书了。这次我想请你们来当一当小评委，评出这本书中最有趣的故事，每读完一个故事都要填写有趣故事排行榜。

有趣故事排行榜	
故事名称	
有趣的地方	
精彩的片段	
我来评价	☆ ☆ ☆ ☆ ☆ ☆

—第6、7课时 实践园—

活动一：寻宝·记忆我最棒

读完《写给孩子的艺术史·中国古代音乐故事》这本书之后，想必你对中国古代的音乐发展历程有了许多的了解。那么，你记住了哪些乐器名称，认识了哪些了不起的音乐家呢？请你写出它们的名字吧。

活动二：寻宝·我是小考官

你能不能把书中感兴趣的地方也变成测试题呢？可以像书上一样，将试题设计成选择题，也可设计成填空题、判断题、问答题等，题目设计完成之后，可以试着考一考爸爸妈妈或其他小朋友。

例如：

为什么盲人音乐家的听力特别好？（　　　）

A.因为他们都姓"师"。

B.因为他们可以更加专注地听。

C.因为一个器官衰退往往使另一个器官更灵敏。

D.因为他们都不用写作业。

活动三：寻宝·我有巧巧手

在《写给孩子的艺术史·中国古代音乐故事》这本书中，我们认识了多种古代乐器，你能用自己的巧手记录它们的样子吗？

挑战一：用彩笔画一画它的样子。

挑战二：用轻黏土做一做它的模型。

挑战三：找来相仿的材料试一试它的声音。

活动四：寻宝·我也来考古

《写给孩子的艺术史·中国古代音乐故事》带领我们一起走进了中国古代音乐的世界。火眼金睛的小朋友们，这些古代音乐相关的故事能够流传至今，多亏了那些刻在乌龟背上的文字呀，请你根据给出的信息，在下方括号内填上甲骨文或现代汉字吧！

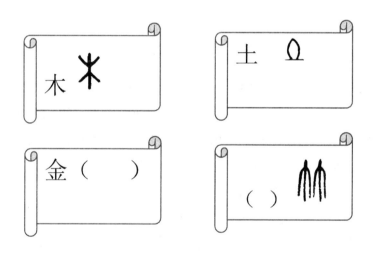

——第8课时 加油站——

（一）温故导入

在前面的课程中，我们跟随《写给孩子的艺术史·中国古代音乐故事》了解了中国古代音乐世界。这节课我们将一起去感受中国古代诗词中的音乐美和韵律美。

（二）观月闻乐

1. 读一读《水调歌头》。

北宋大文豪苏轼的词《水调歌头》写的是苏轼在中秋团圆夜一个人在异乡思念亲人的心情。

2. 听一听歌曲《但愿人长久》，体会苏轼的思乡之情，感受韵律中传达的情绪。

（三）听风诵月

小组内自选诵读或唱苏轼的《水调歌头》。

（四）小小音乐会

中国人都有一个登月梦，为了欢迎宇航员顺利着陆，班级将举办一次"追月歌颂大赛"活动，希望同学们积极参加这次演出。

1. 结合本次活动表演形式，演唱《水调歌头》。

2. 小组自选表演形式，可以由同学用乐器伴奏和舞蹈配合。

3. 将本次小组演出的所有作品录制成短视频，发布在班级公众号，由家委进行投票，选出最佳表演小组。

（五）拓展延伸

1. 绘本推荐阅读：《中国音乐故事绘本》。

在名曲伴读中，赏读唯美动人、家喻户晓的经典故事《高山流水》《梁山伯与祝英台》《梅花三弄》和《广陵散》，让中华传统文化在孩子内心生根发芽。

2. 观看《中国唱诗班》之《游子吟》。

《游子吟》是唐代诗人孟郊创作的一首五言诗，短片根据清代考据大家王鸣盛的真实经历改编，以动画的方式呈现出一个流传千年的母爱故事。请同学们试着概括这个故事并搭配音乐讲一讲。

"天"主题阅读案例（一）

【课例名片】

年　级：一年级

设计者：甘淑芬　深圳市宝安区凤岗小学

　　　　李雅雯　深圳市宝安天骄小学

【教学内容】

1. 诗歌《天空的那头》《忙碌的天空》《水手和星星》《昼与夜》《孩子、潜水员和月亮》。

2. 绘本《看云识天气》《星星的绘本》《温妮去太空》《雨从哪儿来》。

【教学目标】

1. 积累并识记关于"天"的词语。通过对关于"天"的诗歌的记忆和诵读，了解"天"，感受"天"。

2. 阅读《天空的那头》《忙碌的天空》《水手和星星》《昼与夜》《孩子、潜水员和月亮》《温妮去太空》，观看载人航天飞行视频资料，了解我国航天领域对天空的探索，增强对天空的好奇与兴趣。

3. 通过对星象、星座、八大行星的初步了解，阅读绘本《雨从哪儿来》了解"雨"的形成过程，积累与"天"有关的知识，增强实践探索能力。

【教学过程】

—第1课时　朗读亭—

（一）导入主题

1.出示天空、宇宙的图片。

2.你们都知道哪些和"天"有关的词语呢?

3.引出课题:天空的那头是什么样子的呢?

（二）诵读诗歌

1.全班齐读金子美铃的《天空的那头》。

2.以各种形式朗读诗歌。

（三）感悟诗歌，尝试创编

1.同学们，天空的那头可神秘了，雷公、积雨云、太阳都不知道，那么，还有谁也可能不知道呢?

出示:天空的那头有什么?（　　　）不知道，（　　　）不知道，就连（　　　）也不知道。

2.大家都不知道天空的那头有什么，可是作者知道，她说在天空那头——山和海可以交谈，人会变成乌鸦。

3.尝试创编:老师相信聪明的你们也一定知道，谁来说一说?

在天空那头，

（　　　　　　　　　　），

（　　　　　　　　　　）。

那是个不可思议的

魔法世界。

4.展示课堂上学生创编的小诗，作者读、全班齐读。

（四）诵读与天有关的金子美铃的诗歌

全班诵读《忙碌的天空》《水手和星星》《昼与夜》《孩子、潜水员和月亮》。

—第2课时　探究室—

（一）导入

1.展示绘画《心目中的天空》。

2.每个人心中的天空都是不一样的，但无一例外都是美好的，天空中有许多美好的事物等着我们，比如那千变万化的云。

（二）绘本阅读《看云识天气》

（三）阅读探究

1.阅读完《看云识天气》，你了解到了什么？

2.有什么问题是你想要深入探究的呢？

（1）云朵一直都存在吗？它是怎么形成的？

（2）如果没有云，地球会变成什么样呢？

（3）云朵为什么会与天气变化有关系呢？

（四）揭秘答案

1.通过视频了解云的形成。

2.学生分享看法。

师：看完视频，你们对于刚才我们要探究的问题都有答案了吗？谁来把自己的答案分享给大家？

—第3课时　分享屋—

（一）引出新书

同学们，上一节课我们认识了云，今天老师又带来了一个新朋友，她的名字叫温妮，她将带我们一起去探索天空的那头——太空！

（二）阅读绘本《温妮去太空》

（三）阅读探究

1.阅读完《温妮去太空》，你了解到了什么？

2.有什么问题是你想要深入探究的呢？

（1）什么是小行星？

（2）太空中真的有像太空兔子那样的动物吗？

（3）火箭是怎样发射的？

（4）航天员没有魔法是怎样飞向太空的呢？

（四）分享收获

1. 观看太空科普视频。

2. 学生分享看法。

师：看完视频，你们对于刚才我们要探究的问题都有答案了吗？谁来把自己的想法分享给大家？

—第4课时　实践园—

（一）导入

1. 观看大自然中下雨的视频。

2. 学生谈感受。

（二）绘本阅读《雨从哪儿来》

（三）了解雨

1. 阅读完《雨从哪儿来》，你了解到了什么？

2. 完成思维导图——雨的形成。

3. 简单复述雨的形成过程。

4. 古诗词中的"雨"。

雨是中国古典诗词中的常见意象，或寄托希望，或哀愁，或朦胧，或充满禅思哲理。

出示：

春夜喜雨

杜甫

好雨知时节，当春乃发生。

随风潜入夜，润物细无声。

野径云俱黑，江船火独明。

晓看红湿处，花重锦官城。

饮湖上初晴后雨

苏轼

水光潋滟晴方好，山色空蒙雨亦奇。

欲把西湖比西子，淡妆浓抹总相宜。

夜雨寄北

李商隐

君问归期未有期，巴山夜雨涨秋池。

何当共剪西窗烛，却话巴山夜雨时。

（四）动手做个小实验

1.需要准备的材料。

2.阅读实验步骤。

（1）把碗放在装有热水的玻璃杯上，等待几分钟。仔细观察，会发现杯壁上渐渐有小水珠凝结。

（2）把冰块倒入碗中。几分钟后，淅淅沥沥的"小雨"就在杯子里下起来了。

3.动手做一做。

通过动手实践，我们知道了杯子里的热水变成了水蒸气，在杯口遇到冰凉的碗底，便凝结成小水珠，变成"雨"落下来了。而天空中的云就是水蒸气冷却、凝结后形成的，等云里面的小水珠变得越来越重，就变成了雨。

—第5课时　探究室—

（一）神话故事中的"天"

1.《盘古开天辟地》这则神话故事诉说了古人对"天"的无限遐想。你还知道哪些和"天"有关的神话故事呢？

2.观看视频：《女娲补天》。

3.用自己的话试着讲一讲这个故事。

4.同桌互讲。

5.指名展示。

6.表演读故事。

（二）民间故事中的"天"

1.民间故事中也有许多关于"天"的想象，我们一起来看一看吧！

2.学生看图试讲民间故事。

3.观看视频《后羿射日》《牛郎织女》。

（三）古诗词中的"天"

1.古诗词诵读。

不敢高声语，恐惊天上人。（李白《夜宿山寺》）

迟迟钟鼓初长夜，耿耿星河欲曙天。（白居易《长恨歌》）

在天愿作比翼鸟，在地愿为连理枝，天长地久有时尽，此恨绵绵无绝期。（白居易《长恨歌》）

嫦娥应悔偷灵药，碧海青天夜夜心。（李商隐《嫦娥》）

明月几时有？把酒问青天。不知天上宫阙，今夕是何年。我欲乘风归去，又恐琼楼玉宇，高处不胜寒。起舞弄清影，何似在人间。（苏轼《水调歌头·明月几时有》）

2.听唱《水调歌头·明月几时有》。

—第6、7课时　探究室·分享星—

（一）星象中的"天"

1.上节课我们知道了一个关于"天"的民间故事——"牛郎织女"，你们知道牛郎和织女都住在哪个星星上吗？

2.以牛郎织女的故事引出牵牛星（天鹰座）、织女星（天琴座）。

3.了解北斗七星。

（1）出示北斗七星的图片。

（2）北斗七星对我们的意义。

4.了解中国古代星象图。

古人对于世界的感知主要是"昼夜交替""寒暑易节"。早期的游牧民族曾通过观察恒星的位置来判断方向。出于经验的总结，人们绘制了星象图。农业社会时期，发展天文学主要是为了发展农业。

（1）指示天体位置的重要工具。

（2）了解天气变化有利于农业发展。

5.读一读《二十四节气歌》。

（二）分享收获

1.说一说：你对太空有什么了解？

2. 分享阅读收获：中国航天领域的发展与突破。

—第8课时　加油站—

（一）导入

同学们，上节课我们了解了古代劳动人民对天空的探索，这节课，我们也一起来探索一下吧！谁来说一说，你对太空有什么了解呢？

（二）太阳与行星

1. 地球。

（1）播放介绍地球的纪录片。

（2）播放环境污染等环境变化相关视频（激发学生保护地球、爱护地球的意识）。

（3）地球是我们人类赖以生存的家园，我们该如何保护它呢？

2. 八大行星。

地球还有七个兄弟呢，它们合起来被称作"八大行星"，我们一起来看看它们分别都是谁吧！

八大行星：水星、金星、地球、火星、木星、土星、天王星、海王星。

（1）图片欣赏。

（2）视频介绍。

3. 太阳。

八大行星这几个小兄弟还有一个老大哥——太阳，这个老大哥可不得了，我们一起来认识一下它。

（1）视频介绍太阳。

（2）行星与太阳的关系。

（3）地球与太阳的关系。

①自转带来白天和黑夜。

②公转带来四季。

4. 月球。

（1）太阳让我们有了四季、白天黑夜。而月亮让大海翻腾、潮涨潮落，让海洋生物得以迁徙繁衍，让海岸线、河流系统得以形成。

观看视频：月球对地球的影响。

（2）我国航天领域也对月球进行了积极的探索，观看视频《中国探月》。

（三）中国航天发展史

中国航天不断发展与突破，学生分享阅读了解到的中国航天发展史。

（四）推荐阅读：《星星的绘本》

略。

"天"主题阅读案例（二）

【课例名片】

年　级：二年级

设计者：杨燕珍　深圳市宝安区凤岗小学

【教学内容】

1. 朗读气象谚语30条。

2. 阅读《月亮的绘本》《玉小兔来地球》《航天员吃什么》《航天员的训练》《在空间站的一天》《天空种子》《导弹的故事》《小彗星旅行记》。

【教学目标】

1. 朗读气象谚语30条，背诵感兴趣的句子，积累语言。

2. 阅读太空主题书籍，激发对探索太空的兴趣，了解航天发展历程，了解中国航天故事，培养爱国情怀。

3. 通过观察月相、进行月相实验等，发现和提出问题，培养动手能力、观察能力和热爱科学、寻求真理的科学态度。

【教学过程】

—第1课时　朗读亭—

（一）读气象谚语

1. 出示照片，你们看过深圳湾遮盖半天的晚霞吗？

晚霞时有出现在天际，古人通过观察晚霞，总结出一句气象谚语：

"朝霞不出门，晚霞行千里。"

2. 了解什么是气象谚语。

气象谚语是最早的天气预报，是世界各国人民在与大自然的斗争中，对天气的变化进行长期观测后，逐渐摸索出的天气变化规律。比如，大雁北归、燕子南飞都有一定的规律，人们对此总结出一句气象谚语："大雁北飞天将暖，燕子南归气转寒。"

3. 气象谚语。

气象类：

一场秋雨一场寒，十场秋雨要穿棉。

朝霞不出门，晚霞行千里。

日落胭脂红，无雨必有风。

夜里星光明，明朝依旧晴。

今夜露水重，明天太阳红。

久晴大雾必雨，久雨大雾必晴。

东虹日头，西虹雨。

天上鲤鱼斑，明日晒谷不用翻。

云自东北起，必定有风雨。

日晕三更雨，月晕午时风。

雷公先唱歌，有雨也不多。

久雨现星光，明朝雨更旺。

冬至晴一冬凌，冬至阴一冬暖。

春天孩儿脸，一天变三变。

动物类：

蜜蜂采花忙，短期有雨降。

河里鱼打花，天上有雨下。

蜻蜓低飞江湖畔，即将有雨在眼前。

蜻蜓飞屋檐，风雨在眼前。

蚂蚁搬家天将雨。

雨中蝉声叫，预示晴天到。

泥鳅跳，风雨到。

家鸡宿迟天阴雨。

鸡在高处鸣，雨止天要晴。

（二）朗读谚语

1. 教师领读，学生跟读。

2. 男女学生对读。

3. 四人小组合作读。

4. 学生选择一到两句自己喜欢的谚语背诵下来。

（三）拓展实践

1. 你能将学习到的谚语在生活和自然中印证吗？

2. 找找其他气象谚语，读一读。

（四）阅读探究

1. 今天我们要认识的是一位熟悉又陌生的朋友——月亮。

中国古人对月亮有很多的想象，嫦娥奔月、玉兔捣药、吴刚伐树等神话故事都与月亮相关。古人认为月亮上住着嫦娥，她生活在广寒宫，那里特别冷，十分孤独，只有一只玉兔陪着她。2020年，我国的嫦娥五号探测器登陆了月球，帮我们一探究竟。

2. 关于月亮你想要探究哪些问题？（可小组合作）

示例：

（1）月亮上面到底有什么？

（2）月亮在一个月内的变化是怎样的？

（3）古人对月亮有什么样的认识？进行了怎样的研究？

3. 合作探究方法：小组成员选择一个感兴趣的方向。

分组：4人一个小组。

分工原则：确保每位成员都有参与。

分工任务：搜集相关资料、阅读资料、分类整理资料、小组模拟展示。

（五）课后实践作业：观察和记录一个月的月相

日期	1	2	3	4	5	6	7	8	9	10	11	12	13	14	15
月相															
日期	16	17	18	19	20	21	22	23	24	25	26	27	28	29	30
月相															

—第2课时　探究室—

（一）激趣导入

1. 今天老师给大家带来一位从月球来的朋友，你们想认识吗？

介绍绘本故事中的角色：玉小兔、熊小猫。

2. 跟着玉小兔和熊小猫一起开启航天探索课吧！

出示绘本：《玉小兔来地球》《航天员吃什么》《航天员的训练》。

（二）阅读探究

1. 你想要探究哪些问题？

2. 可以根据下面给出的探究方向，也可以根据自己要探究的问题，进行小组合作阅读探究。

（1）玉小兔悄悄到访地球，他为什么来地球？他经历了什么？

（2）中国嫦娥探月工程有什么最新的进展？中国探月工程有哪些"首次"？

（3）航天员吃什么？你喜欢他们吃这些东西吗？为什么？

（4）航天员有哪些训练呢？如果是你，你能坚持下来吗？

3. 合作探究并分享。

—第3课时　探究室—

（一）谈话导入

1. 你们在探究上一课的主题中遇到了什么问题吗？你是怎么解决的？有需要老师帮助的吗？

2. 玉小兔和熊小猫的探索之旅还没有结束，今天我们继续探索。

（二）自由阅读探究

1. 阅读《在空间站的一天》《天空种子》《导弹的故事》。

2. 指导探究方向，小组合作阅读探究。

（1）航天员在空间站里一天的生活是什么样的？

（2）种子去了一趟太空之后，会发生什么样的变化呢？产生这些奇妙变化的原因是什么？

（3）你在国庆阅兵式上看过导弹吗？导弹都有哪些故事呢？两位小伙伴将带你去军事博物馆参观。

（4）请你了解中国航天发展历程，读一读中国航天故事。

3. 合作探究，小组模拟展示。

—第4课时　探究室—

（一）激趣导入

1. 你有长途旅行的经历吗？肯定有同学会说，"我有"。可我们都是在地球上旅行。今天我们要跟着一颗小彗星去天上旅行一次，系好安全带出发吧！

2. 小彗星是谁？（出示两个小彗星的图片）。你知道这两个星星都是小彗星吗？你发现他们有什么不同特点了吗？

（1）第一幅图的小彗星生活在寒冷的地方，他系着围巾。

（2）第二幅图的小彗星长着长长的尾巴。

他们为什么会有不同呢？小彗星都经历了什么？我们一起来读读《小彗星旅行记》，里面会有答案哦！

（二）阅读探究

1. 你想要探究哪些问题？

2. 指导探究方向：

（1）小彗星旅行的路上有哪些有趣的事情呢？

（2）小彗星路过的行星中你最感兴趣哪一个？能尝试用你的方法标示一下吗？

（3）彗星的"好运气"是什么？

（4）你怎么区分太阳系中的星球？

3. 合作探究阅读。

（三）分享准备

（1）在主题探究中你们遇到了什么问题吗？你是怎么解决的？有需要老师帮助的吗？

（2）选择其中一个主题深入探究并进行全班分享汇报。

汇报内容：

①你们组探究的是什么问题？

②你们如何进行分工合作？

③探究成果展示。

④谈谈感受以及合作中发生的趣事。

⑤遇到的困难以及解决困难的方法。

探究成果展示方法（形式可多样）：

①图片展示；②讲故事；③角色扮演；④绘画展示；⑤制作思维导图。

—第5、6课时　分享屋—

（一）谈话导入

根据成果汇报的要求，用15分钟时间完善汇报内容。

（二）修改和完善探究成果

1. 汇报内容。

（1）你们组探究的是什么问题？

（2）你们如何进行分工合作？

（3）探究成果展示。

（4）谈谈感受以及合作中发生的趣事。

（5）谈谈遇到的困难以及解决困难的方法。

2. 小组讨论成果展示方法。

（三）成果汇报

1. 分小组汇报探究的成果。

分享人要声音洪亮、自信大方，相信自己是最棒的分享者、最佳的探索人。

2. 指导学生聆听汇报，相互交流，提出建议。

小观众要尊重他人，认真倾听。这既是对别人的尊重也是相互学习的好机会。

3. 评选"最佳分享者""最佳小听众"。

—第7课时　实践园—

（一）谈话导入

课前老师收集了你们做的月相图。请大家用手边的材料尝试做出新月和满月。

（二）总结月相规律，读读月相变化歌

> 初一新月不可见，只缘身陷日地中，
>
> 初七初八上弦月，半轮圆月面朝西。
>
> 满月出在十五六，地球一肩挑日月，
>
> 二十二三下弦月，月面朝东下半夜。

（三）出示图片，解释月相变化的原因

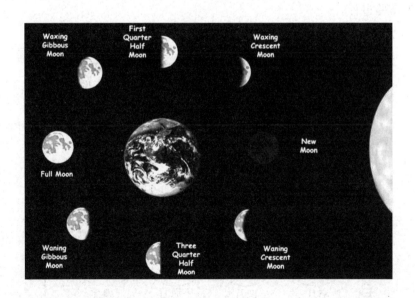

月亮不发光，它靠反射太阳的光才能亮。月亮需要29天的时间才能绕地球一周。教师拿出图片告诉学生不同阶段月亮的形状。

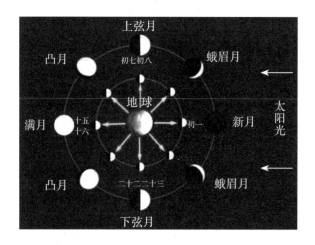

（四）用面团制作月相图

1. 实验准备。

（1）实验材料：面团，A4纸，纸巾，勺子（冰棒棍），手部消毒液。

（2）实验安全提醒：要保证安全第一，不能推搡、打闹，遇到困难找老师。

2. 实验过程。

（1）四个人一组并且把手消毒，拿出A4纸，画出月相。

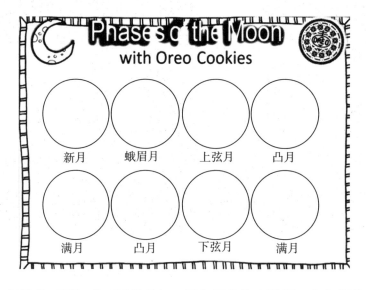

（2）把饼状面团切成不同的月相，黑色部分代表阴影，白色部分代表发亮的部分，最后形成成品。

（3）评选"最佳合作小组"2组。（可根据实际情况调整）

—第8课时 加油站—

（一）推荐阅读

你还知道哪些太空探索之旅？推荐书目：《少年航天局》《我们的太空》《中国儿童太空百科全书》。

（二）分主题观看《太空先锋队》

1. 穿越障碍。

2. 太空垃圾。

3. 流星雨。

（三）太空主题的探索拓展

1. 回顾中国航天事业发展史。

2. 神舟系列飞船介绍。

3. 载人航天工程介绍。

4. 交流收获。

"地"主题阅读案例（一）

【课例名片】

年　级：一年级

设计者：吴秀娟　深圳市宝安区文汇学校

　　　　孔蔼玲　深圳市宝安区文汇学校

【教学内容】

绘本：《大地妈妈》《大地》《大地时钟》《厉害的昆虫》《一粒种子的旅程》《看！草儿》《看！树木》《巨大的地球》《神奇的地球》《中国国家公园》《开车出发》《巴巴爸爸回到地球》《如果地球被我们吃掉了》。

【教学目标】

1. 朗读有关"地"的词语，积累有关"地"的词句。初步了解大地，积累与"地"有关的儿童诗。

2. 阅读有关"地"的儿童诗、绘本和故事，从中了解和感受有关"地"的文化。

3. 阅读地图，通过猜测、提问等策略，了解书中的地图，初步了解与地图有关的广大世界，提升自信。

【教学过程】

—第1课时　朗读亭—

（一）谈话激趣，走进绘本

1. 教师出示一张大地的照片。

2. 教师引出话题：这节课，我们读一本和大地有关的图画书《大地妈妈》。

（二）指导观察，了解绘本

1. 教师出示封面，指导观察，学生了解作者、译者和出版社。

2. 教师出示内页，指导观察，学生猜想故事。

3. 教师出示扉页，指导观察，导入故事。

（三）细读故事，领悟绘本

1. 教师出示小熊碰到的动物们，学生观察小熊的表情，听老师读故事。

2. 教师依次出示小熊遇见蚂蚁、小狗、老鼠、斑马、兔子、小猫、小熊妈妈的图，学生猜想：小熊碰到这些动物说了些什么？

3. 教师依次出示小动物们眼中的大地，学生观察画面中的大地有何不同，猜想小动物们的境遇，感受他们的心情。

4. 教师出示我们所见的大地，学生感受大地不同的面貌。

5. 回顾故事，小结：我们要好好保护我们的大地妈妈。

（四）拓展延伸，推荐绘本

推荐绘本：《大地》（克莱尔·勒戈伍赫）、《大地时钟》（乌纳·雅各布）、《大地的力量》（加古里子）。

—第2、3课时　探究室—

（一）看一看：什么是大地之美

1. 播放《世界地理奇观》视频片段。

2. 引出这节课需要探究的话题：大地（板书）。

（二）找一找：大地之美在何处

1.指导学生认识什么是大地。

讲述：大地上有起伏的山脉、美丽的田野、广阔的草原、茂密的森林、奔腾的江水、万紫千红的花草树木、千姿百态的鱼虫鸟兽……这一切都构成了美丽的大地。（在原板书前加写"美丽的"）我们就生活在这样的大地上，也就成了它的一部分。

2.指导学生认识大地和研究的内容。

大地中也包含着无穷无尽的自然知识，这节课我们就来探索这些问题，研究大地的秘密。

3.指导探究方向。

（1）根据问题探究：

① 大地会孕育出什么生命？

② 大地为什么起伏不平？

③ 大地上有什么雄伟的奇观？

同学们可以从这三个探究问题选择一个进行探究，也可以根据自己提出的问题进行探究。

（2）根据阅读绘本探究：

① 花鸟虫草类的绘本推荐：

《厉害的昆虫》（树液太郎）、《一粒种子的旅程》（荒井真纪）、《看！草儿》、《看！树木》（撒沙）。

② 自然地理类绘本推荐：

《巨大的地球》（金美爱）、《神奇的地球》。

③自然景观类绘本推荐：

《中国国家公园》《开车出发》系列绘本。

4.组建探究小组。

探究问题相同的同学可自行组建成探究小组，每个小组3～6人为宜。小组成立后，选出组长。组长带领组员一起上台介绍自己的小组。

（三）手拉手：寻找大地之美

1.组织小组讨论，确定分工。

2. 指导学生开始阅读绘本，组员内部推荐相关绘本。

3. 推荐阅读：

《种一个春天》《湿地的秘密》。

—第4、5课时　分享屋—

（一）回顾总结

1. 过去几节课我们一起探寻了大地的奥秘，感受了大地的魅力，大地究竟美在哪里呢？

2. 引导小组上台分享绘本，教师帮助总结梳理。

（二）汇报准备

1. 各小组选择一本绘本进行分享，说说大地有哪些神奇的地方。

2. 各小组可提前在家长的帮助下，在家进行视频录制，然后在课上播放、交流。

（三）成果汇报

1. 教师点评各组汇报情况，梳理大地之美的思维导图。

2. 师生共读绘本：《巴巴爸爸回到地球》。

教师引语：

（1）如果你也会变，你想变成什么呢？

（2）巴巴爸爸为什么要带他的朋友一起离开地球，最后，他们为什么又回到了地球？

（3）和同学们一起说一说，我们可以做哪些事情保护环境、保护地球？

（四）拓展延伸

1. 创作地球创意画。同学们可以为保护地球贡献自己的一份力量，用绘画的形式表达保护地球的意愿。画一画，你眼中美丽的大地是怎么样的。

2. 推荐阅读：《如果地球被我们吃掉了》。

—第6、7课时　实践园—

活动一：寻宝·记忆我最棒

1. 教师引导：地图是一种信息的载体，也是信息的传递工具，在生产、生活中有着极为广泛的用途。

2. 我们快来了解地图的基本知识，学会使用地图的基本技能吧？请在《中国地图》和《世界地图》上找找自己知道的地方，看谁记住的地名最多。

活动二：寻宝·我是小考官

1. 板书的选择题你是否完成了呢？

2. 把书中感兴趣的地方变成测试题（选择题、填空题、判断题、问答题等），可以试着考一考爸爸妈妈或其他小朋友。

活动三：寻宝·我有巧巧手

1. 在《中国地图》和《世界地图》中，我们认识和记住许多地方了，你能用自己的巧手记录这些地方吗？

挑战一：用彩笔画一画它们的样子。

挑战二：用轻黏土做一做地图或地球仪的模型。

挑战三：用做好的作品来和同学分享。

2. 了不起的小小地理学家，开始动手完成你的作品吧！

活动四：寻宝·地方我来填

1. 《中国地图》和《世界地图》带领我们一起认识了全世界，带给我们十分有趣的阅读体验。

2. 火眼金睛的小朋友们，快快在下面的地图中填上你知道的地方吧。

—第8课时 加油站—

（一）温故导入

教师引导：在前面的课程中，我们跟随一本本有关"地"的绘本，初步了解了与"地"有关的广大世界。这节课，我们通过"加油站"的活动，表达自己对"地"的感受和理解。

（二）观书说地

请阅读书的封面，小小演讲家们，你能说出有关"地"的什么呢？

（三）听书诵地

请听听录音中关于"地"的介绍，小小朗诵家们，你能朗诵出其中的某个句子吗？

（四）小小讲解员

1. 结合本次活动形式，讲解《中国地图》。

2. 查阅《世界地图》，说说你最感兴趣的一个国家或地区。

3. 将本次活动的所有作品录制成短视频，发布在班级公众号，由家委进行投票，选出最佳讲解小组。

（五）拓展延伸

1. 绘本推荐阅读：《地球和地图》。

2. 观看《地球》系列短片。

"地"主题阅读案例（二）

【课例名片】

年　级：二年级

设计者：杨燕珍　深圳市宝安区凤岗小学

【教学内容】

1. 诗歌：《大山里的小诗人》。

2. 故事：《田野里的自然历史课》《一渠水里的智慧》《一把锄下的历史》《一餐饭里的世界》《一束丝中的辉煌》《节气歌的秘密》《藏在地图里的二十四节气》《世界动物绘本》。

3. 地图：《我们的地图旅行》、《地图里的中国·带着问题去旅行》（5卷）。

4. 桌游：《山河之旅》。

【教学目标】

1. 读小诗，感受小诗人表达的情感。阅读自然、历史类书籍，了解和探索华夏五千年的农耕文明史，不断拓宽视野，培养民族自豪感。

2. 了解世界各大洲的代表动物，认识人类也是自然的一部分，树立保护生物、共同守卫地球的意识。

3. 阅读地理相关书籍，了解各地人文特色，学会初步制订旅行计划。

【教学过程】

—第1课时 朗读亭—

（一）提问导入

1. 你觉得诗人应该是什么样子的？

博学多才，见闻广博，命运坎坷，这是大众眼中的诗人。你相信你也可能成为诗人吗？今天我们走近一群小诗人，他们当中最小的7岁，最大不过15岁。

2. 小诗人简介：

这群孩子大都是留守儿童。在老师的悉心陪伴和引导下，孩子们用笔把泥土、小溪、大树、大海、对远方父母的思念、对未来生活的向往……都写成诗句。通过诗歌，孩子们观察世界、记录生活、表达自己。

（二）自由读诗

大海与小河

郑世浩　11岁　福建

大海和小河是兄弟

有一天小河说

我想到月亮上去

可是大海反对他的梦想

于是他们一直吵架

一直没停

雪

张金晖　10岁　山东

从空中飘来了

一片雪花

落到了我的

衣服上

不见了

原来它怕冷

躲到我衣服

里面去了

立 夏

夏欣怡　9岁　河南

今天是立夏

春夏交织的日子

就像是奶奶在织毛衣

一半是绿色

一半是红色

家

叶贝贝　14岁　云南

家是一个小小的蛋

父亲是卵壳

母亲是卵白

而我

就是那卵黄

蜗 牛

王颖雪　12岁　山东

蜗牛好厉害

天天背着它的小床

为什么蜗牛天天背着它的小床呢

一定是因为它太调皮了

所以它妈妈才不让它回家睡觉嘞

蜗 牛

唐裕华　9岁　湖南

跟蜗牛比赛的，

最后都输了。

因为，

蜗牛把头一缩回去，

比赛就暂停了。

没人有耐心，

等它伸出头来！

（三）谈谈感悟

孩子有着无邪的心灵和纯真的思想，对万物的所见所感都是充满灵性的。山里的孩子与自然朝夕相处，他们的想象力在自然中孕育，星星、月亮、云朵、小河、大树，甚至是面团和脚下的路，都可以触发他们的灵感。你觉得哪一首诗最打动你呢？说说你的感受吧！

（四）拓展阅读

读读《大山里的小诗人》里的其他小诗。

—第2课时　探究室—

（一）谈话导入

今天老师给你们带来一位新朋友，她叫丫丫。我们生活在城市，少有时间像爸爸妈妈小时候那样成天酣畅淋漓地在田园间自由奔跑。而丫丫小朋友正好有机会跟他爷爷一起走进田间。我们一起来看看丫丫丰富的田间生活吧！

阅读《一餐饭里的世界》《一把锄下的历史》《一渠水里的智慧》《一束丝中的辉煌》。

（二）阅读探究

1. 根据自己要探究的问题，小组合作进行阅读探究。

（1）一餐饭的主食、蔬菜里有哪些不同的世界呢？

（2）各种各样的农具对农民耕种有什么帮助？

（3）一束丝里藏着什么辉煌？

（4）一渠水有什么智慧呢？

2. 分组合作，探究阅读。

—第3、4课时　探究室—

（一）导入

1. 在上一课的主题探究中你有遇到什么问题吗？你是怎么解决的？有需要老师帮助的吗？

2. 丫丫的田野课还没有结束，今天我们继续探索。

（二）阅读探究

1. 你想要探究哪些问题？

阅读《节气歌里的秘密》《藏在地图里的二十四节气》《世界动物绘本》。

2. 梳理探究方向：

（1）二十四节气对农民耕作有什么帮助？

（2）不同节气对应的气候、植物等有哪些变化？

（3）在不同节气人们有哪些习俗？

3. 小组合作，阅读探究。

—第5、6课时　分享屋—

（一）谈话导入

我们阅读了关于农耕、二十四节气、动物三个主题的书籍，今天一起汇报分享。

（二）小组修改和完善探究成果

1. 内容整理。

（1）介绍探究的问题。

（2）说明展示小组如何分工合作。

（3）展示探究成果。

（4）合作中发生的趣事。

（5）遇到的困难以及怎么解决的。

2. 探究成果展示方法（形式可多样）：①图片展示；②讲故事；③角色扮演；④绘画展示；⑤制作思维导图。

3. 成果汇报。

4. 评选"最佳分享者""最佳小听众"。

—第7课时　实践园—

（一）谈话导入

暑假还有2个月就到了，我们要如何确定最好玩的地方呢？我们一起看看《地图里的中国·带着问题去旅行》，找到两个你最想去的地方吧！

（二）设计路线

我们要先确定旅行的地点，还要设计旅行的路线图。

1. 根据地图定下地点、方位。

2. 研究景点之间的路线关系，确定景点游览先后顺序。

3. 确定交通工具。

4. 安排好吃饭、住宿。

（三）实践参观

你实际的参观路线和计划的一样吗？有哪些不同？为什么？

—第8课时　加油站—

（一）谈话激趣

今天老师带来了一套地理启蒙桌游《山河之旅》，我们会在游戏过程中熟悉中国的城市。纸牌上有各个城市的人文特色，这是一款既能娱乐也能增长知识的桌游。但要想取得胜利，就要合理设计路线。

（二）讲解《山河之旅》桌游规则

1. 准备阶段。

（1）每位玩家选好棋子，把棋子放在规定位置。

（2）整理好车票，准备好城市卡牌。

2.选择一种规则。

玩法一：只使用1颗骰子

难度系数：☆

步骤：

（1）每个人从城市卡牌里抽取一张作为目的地，在地图上根据图片找到目的地对应的位置，要规划路线，从起点出发，到达目的地，谁先到谁赢。

（2）依次掷骰。

玩法二：使用2颗骰子

难度系数：☆☆

步骤和玩法一相同，只是每次可以获得两张车票。

玩法三：使用2颗骰子；翻三张城市卡牌。

难度系数：☆☆☆☆

基本步骤和官方玩法相同，不同的是官方玩法使用城市卡牌记分，最后累计10分并到达目的地的玩家获胜。玩法三只计城市卡牌的张数，可以根据孩子的年龄、对桌游的喜爱程度来灵活掌握，一开始可以是额外获得3张城市卡牌并到达目的地即可获胜，后面可以是5张、6张。

玩法四：官方玩法降阶

难度系数：☆☆☆

记分标准可以更改，官方10分，可以根据孩子的计算水平来灵活掌握，改为6分、8分，也可以提供计算器、可以计数的小积木、小珠子等辅助孩子计算。

（三）小组合作玩游戏

略。

（四）分享游戏心得

略。

第一学段
主题阅读

第二学段
主题阅读

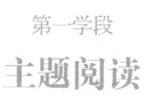

第三学段
主题阅读

"诗"主题阅读案例（一）

【课例名片】

年　级：三年级

设计者：常起云　深圳市宝安区凤岗小学

【教学内容】

1. 读本：《中华优秀古诗文读本》《金波儿童诗选》《云水童诗》。

2. 故事：《跟着古诗看四季》《唐诗有故事》《向着明亮那方》《漫画古诗词》。

【教学目标】

1. 读懂诗意，读出韵律和画面感，自主挖掘诗词的创作背景，感知诗人表达的情感。

2. 从生活空间、四季风物、地理人文等方面感知诗词中的中华优秀传统文化，积累古诗中的常见意象和景物。

3. 提升文化认同感，培养自主探究和小组合作意识，尝试创作现代诗并进行分享。

【教学过程】

—第1课时　朗读亭—

（一）初识江南和塞北风光

视频导入，教师播放中国江南和塞北风光视频，学生观看并运用关键词分享自己的观看感受。

（二）徜徉古诗词的海洋

英国哲学家培根曾说："读史使人明智，读诗使人聪慧。"今天让我们一起徜徉古诗词的海洋，让诗词点亮智慧。

1. 自主阅读，分享观点。

（1）课前学生自主阅读书单资源，并在《中华优秀古诗文读本》第三册"江南"和"塞北"模块中分别选出自己最喜欢的一首诗词来背诵。

（2）学生在组内分享喜欢所选诗词的理由并由小组代表对全班进行分享。

2. "最美朗读者"。

（1）每组学生代表根据自己对诗文的理解，朗读《中华优秀古诗文读本》第三册"江南"和"塞北"模块中自己最喜欢的一首诗词。

（2）朗读接龙，根据诗词句数选择数名学生（诗词句数和学生人数相等），合作朗读，读出韵味和画面。

（3）伴乐朗读。准备符合"江南"和"塞北"韵味的纯音乐，分组伴乐朗读。

（4）尝试吟唱古诗。

（5）评选"最美朗读者"。

3. 诗词比赛。

将全班学生分为"江南组"和"塞北组"，江南组背出一句江南诗，塞北组就需要背诵一句塞北诗，哪组接不上，则对方获胜。

4. 精选精读，体悟情感。

（1）课堂精读《中华优秀古诗文读本》第三册中的《忆江南》和《从军行》。

（2）对比阅读，读准字音、节奏，读出韵律，并圈画两首诗中的景物。

（3）借助注释，运用多种感官，指名分享两首古诗描绘的画面。

（4）PPT出示《从军行》创作背景，学生理顺诗文表达的情感。

—第2、3课时 探究室—

（一）确定探究问题

1. 古典诗文是中国传统文化的精粹，是优美精致而富有意蕴的审美方式，也是认知历史、体验人生和陶冶情操的载体。诗词在不同时代、不同地域有着不同的形态，对此你有哪些想要探究的问题？

2. 说一说读了《中华优秀古诗文读本》第三册后自己的一些疑惑或想要探究的问题。

3. 教师引导学生确定探究的问题。

提供三个方向：

（1）通过朗读对比，你发现古诗和现代诗有何不同之处？（提示：可从长短、韵律等方面思考）

探究阅读：《中华优秀古诗文读本》第三册、《向着明亮那方》、《云水童诗》。

（2）一年有四季，四季皆诗词，描绘不同季节的诗词会高频选用哪些景物呢？

探究阅读：《跟着古诗看四季》。

（3）万物有灵，诗中有情，诗人仅仅是在描绘这些景物吗？诗文的背后又有着怎样的故事呢？

探究阅读：《唐诗有故事》。

4. 指导探究方法。

（1）在探究的过程中，要充分利用互联网、图书馆、博物馆等资源，运用多种方式搜集和整理资料。

（2）自行组建探究小组，设计组名和口号，选出组长。

（二）资料搜集

1. 小组讨论，确定分工。出现解决不了的矛盾与冲突时，及时向老师反馈。

2. 利用各种方式搜集资料。

—第4、5课时 分享屋—

（一）导入

通过阅读古诗、童诗及诗词故事，我们感受了自然风光，也感受了其中的韵律之美和故事趣味，更开阔了阅读视野，今天我们一起分享汇报。

（二）小组汇报

1. 探究问题的基本介绍。

2. 小组分工介绍。

3. 探究成果展示。

4. 探究过程中的趣事或未解决的困惑分享。

（三）成果展示

1. 小组代表分享探究成果。

2. 其他小组认真倾听。汇报结束后，其他小组提出自己的意见，交流补充。

例：中外童诗有何异同？以《向着明亮那方》《云水童诗》为例。

（1）探究建议：自然为诗，诗化自然，让我们聚焦童诗，开启我们的童心之旅。

（2）探究范围：阅读《向着明亮那方》《云水童诗》的目录及《向着明亮那方》中的《心》和《云水童诗》中的《月亮喜欢我——心灵的成长》，说说你的发现。

（3）探究分享：将中外童诗的探究发现分享给大家。

（4）尝试小组仿写或创作童诗，并在班级分享。

3. 评选"最佳分享小组""最佳创作小组"和"最佳倾听小组"。

—第6、7课时 实践园—

（一）景物（意象）"大搜捕"

1. 播放古诗中常见景物（意象）的图片，组织学生观看。

古诗中景物万千，看到杨柳长亭，古人想起送别，看到黄花，古人想起时光流逝。在诗词中，诗人们经常借物抒情，创造出许多美丽的意象，每一种意象都代表着不同的情绪和情思。

2. 组织学生组内分享和小组代表全班分享。

3. 古诗词中的四季风物都可以变成诗人表情达意的利器，接下来请同学们分享古诗中的景物（意象）。

（1）小组内合并组员查找的相同景物（意象），采用表格梳理。

（2）小组代表进行班级分享，小组之间不可重复。

（二）"你画我诗"

"诗画合一"是将古诗和绘画融为一体的艺术，称为"诗画"，也称"古诗配画"。现在让我们一起开展"你画我诗"的活动。

1. PPT示范"你画我诗"，帮助学生明确活动内容与规则。

2. 组织学生"画诗"，相机指导学生画作中应该体现的重点景物。

3. 组织学生猜测除自己小组之外的画作表现的古诗名称。

（三）"诗文创作我最行"

国学大师钱穆在《谈诗》中说道："读诗不是为了成为诗人或文学家，而是学会欣赏，通过欣赏接触到更高级的人生，获得一生中无穷的安慰。"古诗有特殊的格式和韵律，现代诗相对于古诗而言，形式自由，意涵丰富。大家对耳熟能详的古诗也可以按照自己的想法，将其改写成现代诗。让我们从不同的角度来感受诗歌的魅力吧！

1. 帮助学生明确古诗与现代诗的基本特点。

（1）韵律方面：古诗词可入曲，现代诗可入剧。

古诗词言简意赅，讲究韵律，读来朗朗上口，就如一段流畅的音乐，可以伴之翩翩起舞。如果给其谱上古乐，用琴、筝等乐器演奏，真可谓意境高远、古朴风雅。且古诗词虽有艰涩之字，但通篇却能一看就懂，多读几次，便有所悟。现代诗语言浅白，是我们所熟悉的白话文，也不太讲究韵律和结构。

（2）意象方面：古诗词是"画"，现代诗是"话"。

古诗词文字简洁、饱满，重在以意象来表现诗歌的内涵，通篇写景，情在景内。优美的古诗词是一幅画，文字犹如画笔，为我们徐徐呈现浓墨重彩的山水画、风情画。而现代诗却是"话"，由于少了结构和音韵上的限制，体现了真正的自由，无论怎么写都行，废话、情话、官话、自言自语、喋喋不休的话皆可入诗。还可以把一句话拆成几行来写，断断续续，或前后倒置，状如结巴，但在诗歌里或许看上去很优美。

2.组织学生分享由古诗改写的现代诗或者自创古诗。

绝句

杜甫

两个黄鹂鸣翠柳，一行白鹭上青天。

窗含西岭千秋雪，门泊东吴万里船。

绝句

张卓恒

那儿！

有两只可爱的黄鹂

在叽叽喳喳唱着动听的歌曲

一行排列整齐的白鹭

自由地翱翔于蓝蓝的天空

透过窗口远眺

西岭的积雪顽强地冰冻着

万里之外

不知是哪里来的航船

—第8课时　加油站—

1.帮助学生明晰"知人论世"的含义及重要作用。

2.展示生成李白、杜甫和王维的足迹地图。

谈到古诗词鉴赏，我们常常会用到"知人论世"的方法，也就是了解作者并研究他所处的时代背景。如果我们把古代这些文人墨客的足迹标注在地图上，形成一张足迹地图，就能够很好地了解其一生的经历以及时代背景。我们知道，古代交通远没有如今这么发达，在古代，天南海北车马劳顿是一件让人头疼的事。但回头看看这些大诗人，真是读万卷书行万里路啊，他们踏遍大江南北，写尽大好河山！接下来，让我们随着古代诗人的足迹吟咏诗歌吧！

（1）最"浪"的诗人——李白。

李白"浪"起来，豪情万丈，天下无敌啊！他几乎看遍了大唐所有风景，怀着一颗什么都不能阻挡的浪迹天涯的心。

（2）最"折腾"的诗人——杜甫。

杜甫是诗人中经历较为坎坷的一位了，他一生历经国破家亡，战乱不断，颠沛流离，郁郁不得志。为了躲避战乱，他几乎跑遍了唐朝所有的不毛之地。

（3）最"闲"的诗人——王维。

"诗佛"王维的日子还是比较惬意的，他一辈子几乎没有怎么颠沛流离，常独自一人隐居山林，喝几抔泉水，邀几回明月，再品几首诗，真可谓优哉游哉啊！

3.查找和制作诗人足迹地图，了解诗人所处的时代背景。

4.在感兴趣的诗人足迹图上选择一个地点，了解诗人在此的故事。

"诗"主题阅读案例（二）

【课例名片】

年　级：四年级

设计者：吴　娟　深圳市宝安区凤岗小学

【教学内容】

1.朗诵《中华优秀古诗文读本》第四册。

2.阅读《跟着诗词去旅行》《唐诗里的二十四节气》《宋词故事》《时令古诗》《繁星·春水》。

【教学目标】

1.朗诵中华优秀古诗词，感受古诗词表达的诗意和情感，感受诗词独特的美。

2.阅读"诗"主题材料，对古诗中的地理、人文知识等问题进行探究。分享感受古诗词的丰富内涵，增强对中华优秀传统文化的热爱之情。

3.举办"诗词会"活动，如诗词填词、诗词讲解、创作诗词画、诗词朗诵比赛等，调动学生的诗词积累，让学生表达自己对诗词的感受和理解，同时提高创新、创造能力。

【教学过程】

—第1课时　朗读亭—

朗读《中华优秀古诗文读本》第四册。

1. 初读。

（1）第一遍：大声地吟读，整体把握，读准字音。

（2）第二遍：划分节奏，体味情感，注意语速。

2. 译读：借助注释读懂诗意。

3. 想象读：带着想象有感情地朗读古诗，说一说诗歌中的画面，体会诗人表达的情感。

—第2、3课时　探究室—

（一）导入

1. 组织学生说一说自己的疑惑。

2. 教师解惑：

古诗词是中华文化的瑰宝，它的文化魅力不仅在于它的语言美、自然美，更在于它的真情美和意境美。古典诗词所标识的自然景象，让散布在中华大地的地理景观和山水楼台，有了精神的支撑、人文的温度。我们心中的苏州，成了寒山寺，成了"夜半钟声到客船"；我们想到的武汉，是黄鹤楼，是"晴川历历汉阳树，芳草萋萋鹦鹉洲"；我们遥望的西域，是玉门关，是"北风卷地白草折，胡天八月即飞雪"。即便未曾到过的地方，也成了每一个中华儿女心中熟悉的"故乡"。

3. 指导探究。

对于古诗词中的丰富意象，你有哪些想要探究的问题？和小组成员一起进行探究吧！

（二）探究引导

1. 引导学生确定探究的问题。

关于探究的问题，老师提供了三个方向，同学们可以从这三个探究问题中选择一个进行探究，也可以根据自己提出的问题进行探究。

（1）古诗中的故事。（推荐阅读《宋词故事》）

（2）古诗中的自然风光。（推荐阅读《跟着诗词去旅行》）

（3）古诗中的节气。（推荐阅读《时令古诗》）

2. 组建探究小组，阅读探究。

（三）搜集资料

1. 小组分工。

成立学习小组，每组六人，其中，组长一名，组员五名。

2. 指导学生利用各种方式进行阅读探究。

（1）阅读《宋词故事》，选择最感兴趣或印象最深刻的故事，引用相关词句，了解故事背景、相关故事人物以及情节。组内成员选择的故事不能重复。

（2）阅读《跟着诗词去旅行》，围绕"山""水""古迹"开展阅读探究活动，分小组成立"游山旅行团""玩水旅行团""名胜古迹旅行团"。每个小组选择一个主题开展活动，了解相关主题的诗句、景物突出特点等。

（3）阅读《时令古诗》，找出隐藏在诗句中的节气，查阅资料，了解这个节气的特点、人们的活动、相关美食等。

（四）教师跟进各小组阅读推进情况

推荐视频：《凉州词中话年俗》《诗人与渡口》。

—第4、5课时　分享屋—

（一）激趣导入

同学们，中国古诗词意蕴悠远，内涵丰富，前两节课，我们阅读了《宋词故事》《跟着诗词去旅行》《时令古诗》这三本书，一定了解了不少关于古诗词的知识。这节课，我们就来讲一讲收获和感想！

（二）掌握方法

1. 就"怎样才能把一首古诗词读得有感情、有韵味呢？"引导学生展开讨论。

2. 学生汇报讨论结果，教师相机板书。

3. 教师小结。

朗读古诗词时要做到：声音洪亮，吐字清晰；落落大方，有肢体语言；语速适度，音调有起伏；语言生动，能吸引人。

（三）"我是故事大王"——古诗中的故事分享活动

1. 引语：《宋词故事》讲述了宋代词坛中有代表性的词人的故事，内容涉及词作唱和、家国兴亡、词坛趣话等。请大家用生动活泼、简洁清楚的语言讲述你印象最深刻或者最感兴趣的故事。比一比，谁的故事最吸引人。

2. 按照座位靠近原则成立六人学习小组。

3. 组员分工：三个评分员，一个主持人，一个统分员，一个讲故事。（轮流进行）

4. 组内开展讲故事活动，评选出得分最高的同学。

5. 每组得分最高的同学在全班展示。

6. 课后活动：学习讲故事优秀的同学的方法，把自己的故事讲给父母和朋友听。

（四）"我是小导游"——古诗中的风光分享活动

1. 引语：诗词里有名山大川，江河湖海，各地名胜古迹。这节课，让我们跟着诗人的足迹去饱览祖国如画的风光。

2. 学生自由分组，成立主题旅游团，每个团10人，分别为：游山旅游团、玩水旅游团、古迹旅游团。

3. 主题旅游团成员围绕选择的主题开展导游活动，每人充当一次小导游，介绍自己在诗中了解到的风光（包括：诗句，背景，景色特点介绍）。

4. 组内开展"优秀小导游"评选活动。

（五）"我是节气播报员"——古诗中的节气分享活动

1. 回顾旧知：背诵《二十四节气歌》，交流节气歌中的二十四节气。

2. 交流：这些节气还藏在哪些诗句当中呢？

3. 课前，我们查阅了各个节气的相关资料，请你充当节气播报员，选择一个节气，介绍这个节气相关的诗句和这个节气典型的特点，以及在这个节气人们的活动、美食等。

4. 学生自主上台分享。

5. 课堂上没有参与分享的同学，课后每人录制一个节气播报视频，在班级微信群分享展示。

（六）根据以上三个活动评选"传统文化优秀传承人"

略。

—第6、7课时　实践园—

（一）开展诗词会活动

1. 设计活动。

学生以小组为单位，每个小组设计一组诗词问题，制作成PPT。PPT中要包含答案的呈现。

活动类型推荐：飞花令、出口成诗、你说我猜、诗词填字等。

2. 在班级开展诗词擂台赛。

各小组上台呈现本组设计的问题，其他小组挑战，按各小组的答题积分决定输赢。

活动设计参考：《中国诗词大会（第四季）》。

（二）开展诗词讲解活动

1. 每名同学选择一首诗，录制诗词讲解视频（要有视频讲解的PPT），在班级微信群进行分享。

讲解的内容：诗词朗诵、作者介绍、写作背景、诗词解析。

2. 挑选优秀的讲解视频在班级现场展示。

（三）诗配画活动

1. 创作。

"诗中有画，画中有诗"，每首诗中都蕴含着丰富的意象和画面，请同学们选择一首诗，将诗中所描绘的画面用自己的画笔呈现出来，并在画上配上诗文。

2. 展示。

学生根据要求进行展示。

—第8课时　加油站—

（一）导入

冰心先生的诗集《繁星·春水》大家细致阅读了吗？你能背诵其中一些诗句吗？你在诗集上有圈点批注吗？你写了读书笔记、仿写过小诗吗？（导入设计应直接指向诗歌类名著阅读的方法）

好，这一节我们来举办《繁星·春水》读书会，把我们的阅读收获展示出来。

（二）背小诗，说诗人

在《繁星·春水》中，冰心把母爱视为最崇高、最美好的东西，反复地加以歌颂，以生动形象的比喻，把母爱之情传达出来，写得情真意切、感人肺腑。对母爱的歌颂，奠定了这两部作品深沉细腻的感情基调，与母爱紧密相连的，便是对童真、童趣、童心以及一切新生事物的真爱。

1.（播放音乐）师生朗诵接读。

2. 在诗歌中，我们知道了冰心的温柔、爱心、机敏、才智，你还知道冰心的哪些事情？

学生自由发言。多媒体出示相应图片、视频。

本环节检查学生诗歌的背诵情况，引入诗人介绍加深学生对诗歌的理解。

（三）选小诗，赠亲友

1. 古人以画赠友、以歌赠友、以文赠友，是非常风雅、高尚的活动，今天我们也来一次赠诗活动。课代表在同学们的笔记中撷取了一些智慧火花，展示出来。投影出现哪位同学的读书笔记内容，哪位同学就深情朗读，用"我要把这首诗送给，因为……"的句式来交流。

教师对学生的发言进行点评，或赞同或补充，或质疑或深化。

2. 学生选择小诗，说一说赠送的对象和理由，教师给予点评。

本环节学生交流读诗集的感受，深化对诗歌的理解。

（四）写小诗，诉真情

1. 同学们的读书笔记中有不少精妙的小诗，课代表选取了一些，请有作品展示的同学大声朗诵，说说自己的创作灵感，同学们自由点评，可以提问，可以质疑。

2. 教师点评诗作，或鼓励写作，或帮助修改，或谈自己的感受。

3. 小组内朗读自己的小诗，并说一说创作灵感。

本环节让学生交流所写小诗，是让学生向诗人学语言、学写法的活动，是名著阅读的进一步深化的过程。

4. 谈收获：阅读《繁星·春水》后你有哪些收获？你认为哪些阅读名著的方法适合你？

"画"主题阅读案例（一）

【课例名片】

年　级：三年级

设计者：常起云　深圳市宝安区凤岗小学

【教学内容】

1. 朗读题画诗：王维《山居秋暝》、苏轼《惠崇春江晚景》、韦庄《金陵图》、王冕《墨梅》、郑板桥《竹石》。

2. 阅读书单：《画说汉字》《中国名画绘本：汴京的一天》《清明上河图：宋朝的一天》《画说百家姓》《名画在左　科学在右》。

【教学目标】

1. 朗读与欣赏插图，初步了解题画诗的内涵。借助有关读本，结合插图展开联想与想象，理解诗意，感受诗人对画面生动的描述。

2. 发散联想、图画识字，图文了解姓氏及姓氏故事。通过"画中游"分享活动，了解中国画中的历史故事，增强对中华传统文化的热爱之情。

3. 培养和发展好奇心，了解画中科学。

【教学过程】

—第1课时　朗读亭—

（一）初识题画诗

同学们，有一种诗在我国有着悠久的历史，它是中国画与诗歌融合的产物，它把无声的画和有声的诗巧妙地融为一体，从而使画意与诗情相映成趣，相得益彰，它就是——题画诗。

1. 连一连，初识题画诗。

将题画诗插图与诗句一一对应连线。

2. 介绍题画诗的内涵与特点。

所谓题画诗，就是题在画作上的诗歌或吟咏画作的诗歌。题画诗是中国古典诗歌中的一朵奇葩。题画诗把有形的画和含蓄的诗巧妙地融为一体，从而使画意与诗情互相弥补、互相延伸、互相丰富，达到诗画一体的艺术境界。

（二）阅读题画诗

1. 学生自由朗读。（《惠崇春江晚景》《山居秋暝》《金陵图》《墨梅》《竹石》）

2. 学生畅谈初读感受。

3. 教师指导学生运用多种感官，抓住景物及其特征，边想象画面边品读。

4. 指名诵读，教师进行评价指导。

（三）思考交流题画诗

1. 说一说，从诗句中你看到了怎样的画面（景物、色彩等），感受到了怎样的情感？

2. 带着想象有感情地朗读诗句，感受诗画一体的艺术境界。

（四）积累背诵题画诗

略。

—第2、3课时 探究室—

（一）质疑

1. 古人云："诗堪入画方称妙，画可融诗乃为奇。"题画诗是诗坛画苑中的一束绚丽花朵。题画诗作为诗歌的一类，既有诗歌的共同特点又有自己的独特魅力。对于题画诗，你有哪些想要探究的问题？

2. 教师提供了三个探究方向：

（1）"画说字"推荐阅读：《画说汉字》。

（2）"画中游"推荐书籍：《中国名画绘本：汴京的一天》《清明上河图：宋朝的一天》。

（3）"画言姓"推荐阅读：《画说百家姓》。

3. 学生组建探究小组，选择问题阅读探究。

（二）资料搜集

1. 组织小组讨论，确定分工。

2. 指导学生利用各种方式搜集资料。

3. 针对探究的问题，阅读推荐的书籍和视频。

—第4、5课时 分享屋—

（一）导入

学生欣赏汉字演变和《清明上河图》动态版视频。

画中有乾坤，画中显文化，我们阅读了《画说汉字：看懂汉字的前世今生》《中国名画绘本：汴京的一天》《清明上河图：宋朝的一天》《画说百家姓》，今天我们一起分享。

（二）小组汇报

1. 探究问题的基本介绍。

2. 小组分工介绍。

3. 探究成果展示。

4. 探究过程中的趣事或感悟分享。

（三）成果展示

1. 小组代表分享探究成果。

2. 其他小组认真倾听；汇报结束后，其他小组提出自己的意见，交流补充。

示例："画中游"：《清明上河图：宋朝的一天》。

（1）探究引入：我们一起开启《清明上河图：宋朝的一天》的"画中游"旅途吧。

（2）探究内容：

初见：感悟画作和文化之美。

细读：透见大宋市井生活。

（3）探究分享：

①学生分享自己看画前好奇的问题。

②品悟分享大宋市井生活。

③结语：细节超清，文化与美学内涵兼备，艺术启蒙佳作。

—第6、7课时　实践园—

（一）画说字

参考书目：《画说汉字》

（1）学生课前阅读教师推荐书目，借助互联网等用图文解读汉字。

（2）每小组选择一个汉字，用简单易懂的方式解读文字，要求每个汉字都有对应的图画及象形文字，分小组展示交流。

（二）画中游

参考书目：《中国名画绘本：汴京的一天》《清明上河图：宋朝的一天》

（1）学生分小组共赏名画《清明上河图》。

（2）小组可以从画卷产生的历史背景、画家故事、器物服饰、民风民俗等感兴趣的点进行介绍。

（3）小组可采用文字讲解、PPT或者视频等方式"画中游"，每个小组选择一个方面，小组之间不可以重复。

（三）画言姓

参考书目：《画说百家姓》

（1）学生通过查找资料，追根溯源，了解自己姓氏或自己感兴趣的姓氏的起源与演变。

（2）小组内分享，小组代表全班分享。

图文结合，解析自己的姓氏或自己感兴趣的姓氏，讲述姓氏背后的精彩故事；姓氏相同的学生互相补充。

—第8课时　加油站—

阅读书目：《名画在左　科学在右》

1.引导学生初识画中科学。

（1）《蒙娜丽莎》

蒙娜丽莎双眼内眦处各有一块小小的凸起（黄斑瘤）——可能患有"三高"。

（2）《年轻人画像》《长颈圣母》

画中人手指格外细长——可能患有"马方综合征"。

教师：这是一段脑洞大开的旅程，当名画遇上科学，将碰撞出怎样烧脑的问题？佛朗哥认为："画家恐怕不会意识到，他们在描绘人物的同时，也向我们展示了那个时代困扰人们的疾病。"艺术与科学有着怎样的不解之缘？今天就让我们一起品味艺术之美，领略科学之奇。

2.观看视频，品味艺术之美，领略科学之奇。

3.阅读《名画在左　科学在右》，进一步了解画中科学。

除了上述画中医学科学，学生自主阅读，结合自身兴趣点，解锁《名画在左　科学在右》中更多的科学知识（如物理学、脑科学等）。

"画"主题阅读案例（二）

【课例名片】

年　级：四年级

设计者：吴　娟　深圳市宝安区凤岗小学

【教学内容】

1. 朗诵朱自清的《春》和《荷塘月色》。

2. 阅读《艺术家的大创造》《漫话国宝》《大自然的文字》《艺术之眼》。

【教学目标】

1. 通过朗诵名家优秀散文，感受文字中的画面美。

2. 阅读相关文本，与小组成员积极展开合作，对画中的知识和艺术之美进行探究。

3. 开展"绘画中国"活动，发现祖国之美，并将其用画笔表现出来，增强爱国热情，培养艺术素养。

【教学过程】

—第1课时　朗读亭—

（一）导入

人类在历史发展的进程中，创造了经典文化。通过诵读经典，我们可以感悟更多的人生哲学，体味名家的语言特色。

（二）了解作者朱自清

略。

（三）介绍散文特点

略。

（四）指导朗读

1. 听散文配乐录音。

2. 学生自由朗读。

3. 指名诵读，教师进行评价指导。

（五）品读鉴赏，感受画面之美

1. 自由读文，找出散文中描绘的景物。

2. 提炼重点句段进行品读，感受景物特点。

（六）交流

说一说从文章中你看到了怎样的画面。

（七）想象朗读

带着想象有感情地朗读散文，感受散文的文字之美和意境之美。

—第2、3课时　探究室—

（一）探究问题引导

1. 组织学生说一说自己的疑惑或想要探究的问题。

中国绘画文化是中国文化的重要组成部分，根植于民族文化土壤之中。它不单纯拘泥于外表形似，更强调神似。中国绘画用特殊材料毛笔、水墨及宣纸，建构了独特的透视理论，大胆而自由地打破时空限制，具有高度的概括力与想象力。同时，中国绘画之美还存在于语言文字中。本次的主题阅读，就让我们走进作家的语言文字，感受文字中的画面之美。

2. 老师提了三个方向，同学们可以从这三个探究问题中选择一个进行探究，也可以根据自己提出的问题进行探究。

（1）绘画艺术家的故事推荐阅读：《艺术家的大创造》。

（2）绘画中的艺术之美推荐阅读：《艺术之眼》。

（3）生活中的画推荐阅读：《漫话国宝》。

3. 分组阅读，探究指导。

（1）根据自己的兴趣，成立艺术家故事组、艺术作品讲解组、漫话国宝组，每个小组6人，每组选一名组长。

（2）艺术家故事组了解绘画艺术家的生平事迹并练习口头讲解。

（3）艺术作品讲解组搜集著名的绘画作品，描述作品内容和创作背景。

（4）漫话国宝组了解国宝的外形、年代、历史价值，并扮演国宝进行自我介绍。

（二）各小组开展阅读探究活动

教师跟进各小组开展活动的情况，并对学生探究活动中存在的问题进行指导。

—第4、5课时　分享屋—

（一）小组亮相

各小组上台自我介绍：介绍组名、成员、小组探究的问题，并介绍小组在探究的过程中遇到的困难、问题，以及相应的解决办法。

（二）探究成果展示

1. 绘画艺术家故事分享活动。

（1）引语：许多绘画艺术家都有着不同于一般人的成长经历，他们有的经历坎坷，有的意志非凡。让我们走进他们的生活，了解他们的经历，相信他们的故事会带给我们启迪和思考。

（2）艺术家故事组轮流上台进行故事分享。

（3）邀请其他同学对艺术家故事组的表现进行评价。

2. 艺术作品讲解活动。

（1）给绘画作品取名字。

教师出示几幅著名的绘画作品，引导学生为其命名，再出示绘画本来的名字，激发学生对绘画作品的兴趣。

（2）艺术作品讲解组上台进行作品介绍。

（3）台下学生针对绘画作品进行提问，艺术作品讲解组成员进行解答。

3. "国宝自我介绍"活动。

（1）观看国宝动漫视频。

（2）漫话国宝小组上台扮演国宝进行自我介绍。

（3）评选优秀"国宝"。

（三）反思评价

指导学生对自己小组和其他小组的探究进行评价。

教师引语：听了大家的成果分享，你有什么感受？其他组有哪些地方值得你们学习？参考评价表（略），尝试对自己小组和其他小组的探究进行评价吧！

—第6、7课时　实践园—

（一）开展绘画艺术家故事分享活动

1.设计活动。

学生以小组为单位，每个小组搜集一位绘画艺术家的故事和绘画作品，分小组展示交流。

2.小组派代表上台分享。

（二）我为名画代言

活动设计参考书目：《艺术之眼》《艺术家的大创造》。

1.学生每人选择一幅名画，试着从作者、画面内容、艺术特点等方面进行介绍。

2.小组交流，推选小组成员全班展示。

3.各小组代表展示。

（三）国宝探秘

1.角色扮演：制作国宝头饰，扮演国宝进行自我介绍。

2.博物馆通关。

以小组为单位，每个小组设计一组有关文物的通关题（6题），小组派代表上台考考大家。学生以小组为单位答题，累计得分最高的小组获胜。

3.画一画。

（1）创作：每名学生选择一个自己喜欢的国宝，将它画下来。

（2）展示交流。

—第8课时　加油站—

阅读走进《丰子恺的画》。

（一）了解人物

丰子恺：中国现代书画家、文学家、散文家、翻译家、漫画家，被誉为"现代中国最艺术的艺术家""中国现代漫画的鼻祖"。

（二）激趣导入

1.引导学生回顾交流四年级学过的丰子恺的文学作品，体悟其作品特点。《父爱之舟》《白鹅》。

2.作品简介：《丰子恺的画》是著名作家、教育家叶圣陶先生的作品，文章主要介绍叶圣陶及友人在欣赏了丰子恺先生的绘画作品之后的感受。今天，让我们跟随叶老先生的文字，进一步了解丰子恺先生的绘画作品。

（三）走进文章

1. 自主阅读。

请同学们自主阅读《丰子恺的画》这篇文章，边读边用笔圈画出文中介绍到的丰子恺的绘画作品的名称。

2. 合作交流。

对于每一幅绘画作品，叶圣陶先生都用文字进行了具体的描述，并谈了自己的感受。请你选择其中一幅认真阅读相关文字，再向同桌进行介绍，注意语言的流畅。

（四）评价人物

1. 你眼中的丰子恺。

读完叶圣陶先生的这篇文章，丰子恺给你留下了怎样的印象呢？请试着评价一下，记得要结合具体的事件。

2. 他人眼中的丰子恺。

丰先生的画，以古诗词为题材，人物打扮是现代人，这是他的创造。（叶圣陶评）

我们都爱你的漫画有诗意；一幅幅的漫画，就如一首首的小诗——带核儿

的小诗。你将诗的世界东一鳞西一爪地揭露出来，我们这就像吃橄榄似的，老觉着那味儿。（朱自清序评）

一个与世无争、无所不爱的人，一颗纯洁无垢的孩子的心。（巴金评）

（五）作品欣赏

请同学们欣赏丰子恺的《小猫亲人》，谈谈你的体会。

（六）拓展阅读

请同学们课后阅读丰子恺的《子恺漫画全集》，试着画一画自己的漫画作品。

"山"主题阅读案例（一）

【课例名片】

年　级：三年级

设计者：程诗情　深圳市宝安区天骄小学

黎雅文　深圳市宝安区凤岗小学

【教学内容】

1. 关于山的名诗：杜甫《望岳》、徐凝《庐山瀑布》。

2. 图书：《图说三山五岳》《山》。

3. 纪录片：《大山有灵》。

【教学目标】

1. 积累和山有关的诗歌，了解文学作品和绘画作品中的山，感受山的形态美和色彩美。教师提供阅读书目。

2. 通过制作思维导图、配画等方式分享自己读过的有关"山"的文学作品，小组成员交流。创作一首描写山的诗歌，表达自己对山的喜爱。

3. 观看纪录片，感受"山"在中国文化中的神韵。

【教学过程】

—第1课时　朗读亭—

（一）导入

大家有没有去过五岳之首的泰山呢？如果没去过的话，不妨浏览屏幕上的泰山美景。你能用几个词、短语或者句子描述一下你眼前的泰山吗？那么，在杜甫眼中的泰山又有怎样的特点呢？今天我们一起来学习他的一首五言古诗——《望岳》。

（二）走近诗圣

杜甫（712—770），字_____，自号_____，唐代伟大的现实主义诗人，被世人尊为"_____"，其诗被称为"_____"，杜甫与李白合称"李杜"。代表作：三吏（《新安吏》《石壕吏》《潼关吏》）、三别（《新婚别》《垂老别》《无家别》）。

现在我们就一起来看看，现存杜诗中创作年代最早的一篇——《望岳》。

（三）新课学习

1.读诗——感受诗歌。

（1）解题。

"五岳归来不看山。"岳是什么？高大的山。五岳指的是东岳泰山（山东泰安）、西岳华山（陕西渭南）、南岳衡山（湖南衡阳）、北岳恒山（山西大同）以及中岳嵩山（河南郑州）。五岳以泰山为尊，故泰山为"五岳独尊"。诗人"望岳"望的就是泰山。诗人究竟望到了怎样的一座泰山？我们一起来读。

（2）读诗。

①读准字音，把握节奏。

②听范读，再次感知。

思考：通过感受画面，我望到了一座_____的泰山。

2.品诗——体会情感。

诗仅仅读还不够，我们要在读的基础上品析，请同学们根据下面的提示再次自读品析这首诗。

品诗三步骤：

第一步，解说注释；

第二步，描述诗歌；

第三步，品析字句（炼字、修辞、情感、哲理等）。

首联：岱宗夫如何？齐鲁青未了。

描述：五岳之首泰山的景象怎么样？在齐鲁大地上，那青翠的山色没有尽头。

品析：此联写泰山的高大雄伟，是远望之景。精妙之处在于，诗人乍一看这泰山时，高兴得不知怎样形容那种惊叹仰慕，别出心裁地用自己的体验来写山之高、山之阔。站在齐鲁两地之外，还能望见远远横亘在那里的泰山。以距离之远来烘托泰山之高。

颔联：造化钟神秀，阴阳割昏晓。

描述：大自然把神奇秀丽的景象全都汇聚其中，山南山北阴阳分割，晨昏不同。

品析：泰山以一种主宰的力量，将山南山北的阳光割断，一日之内，一地之间，形成阴阳两重天，一半晨一半昏，一半火焰一半海水。大自然太过钟情于泰山，将所有神奇与秀丽的景象都给了它。地灵人杰，也将一个个贤士汇聚于此，让这里成为儒家文化的发源地——"孔孟之乡"。一个"钟"字写活了天地万物，整个大自然如此有情致，把神奇和秀美都给了泰山。"割"炼字极好，突出了泰山遮天蔽日的形象。真不愧是"诗圣"，其诗"语不惊人死不休"。

颈联：荡胸生曾云，决眦入归鸟。

描述：看山中云层叠起，不禁心胸摇荡，极目远眺，那漫天暮归的鸟儿隐入山林。

品析：诗人极力睁大眼睛不仅仅想看归鸟，更是要将泰山这神奇秀丽之景全然收入自己眼中。本联表现出了诗人对祖国壮丽山河的热爱。

尾联：会当凌绝顶，一览众山小。

描述：诗人一定要登上泰山之巅，到那时俯瞰众山，全都显得低矮渺小。

品析：此联运用典故，是诗人的述志之笔。孟子说"孔子登东山而小鲁，登泰山而小天下"，仰望如此高大辽阔、神奇秀丽的泰山，诗人油然而生一种对自己的深深的期许，那就是"会当凌绝顶，一览众山小"。

讨论：诗人仅仅是要登上泰山之巅吗？

3. 悟诗——理解哲理

背景链接：唐开元二十四年（736），24岁的诗人开始过一种不羁的漫游生活。作者北游齐、赵（今河北、山东等地），这首诗就是在漫游途中所作。

面对考取功名，境界不同，态度不同，有人久考不中，一旦考中便"春风得意马蹄疾，一日看尽长安花"（孟郊），有人考试落榜还能"会当凌绝顶，一览众山小"（杜甫），这是何等的气魄，何等的雄心。杜甫在"望岳"，也在望未来，望人生。眼前的失利对他来说只是浮云，在这样的盛世"千金散尽还复来"，何况是一次考试。他坚信终有一天，他会登上这泰山之巅来俯视众山，会要登上人生之巅来傲视群雄。

这首诗，诗人描写了泰山雄伟磅礴的气象，抒发了自己勇于攀登、傲视一切的雄心壮志，洋溢着蓬勃向上的朝气。

小结：学习了这首诗，你有了怎样的收获？

年轻逢盛世，我们有何理由不努力？山高人为峰，在中华民族走向世界舞台中心的征程中，在中华民族实现伟大中国梦的关键时刻，我们要有杜甫这种胜不骄、败不馁，不屈不挠，生生不息，勇攀高峰的奋斗精神。

—第2课时 探究室—

（一）导入

同学们，大家好，今天我们一起来研究汉字"山"。

（二）"山"字的由来和演变

1. "山"字的由来。

首先我们来看"山"字的由来。"山"，前边有一座高山，山下边的一横是我们脚下的土地，从土地里长出来三块巨石，变成了高山，中间的高，两边的矮，这个字就是山。

2."山"字的演变

"山"是象形字，甲骨文的"山"像遥望中地平线上起伏连绵的群峰，有三座峰头。金文"山"像山的剪影。有的金文将三个峰头简化成三个短竖，淡化峰尖形象。而小篆保留中间一座峰岭的象形特征。隶书完全失去峰岭形象。两峰相连或零散不成方向的小山叫"丘"，众峰相连、形成一定走向的群峰叫"山"。

（三）"山"字的写法

接下来我们一起看看"山"字的写法。"山"字在竖中线上写第一笔：垂露竖，在上半格的中心位置起笔，一直写到下半格的中心点处停笔。

第二笔：竖折。在左半格下边一点起笔，注意写竖的时候略微倾斜，折略有倾斜。到左右两侧差不多长的时候停笔。

最后一笔：竖。在右半格上边一点起笔，停顿一下向左下方略带倾斜，出一点点小头。

"山"字的写法你学会了吗，课下要多多练习呀。

（四）五岳的知识

同学们知道我们国家的"五岳"是什么吗？下边我们一起来认识一下。"五岳"是我国五大名山的总称，即东岳泰山、西岳华山、南岳衡山、北岳恒山、中岳嵩山。人们常说"五岳归来不看山"，也有"恒山如行，泰山如坐，华山如立，嵩山如卧，唯有南岳独如飞"的说法。

东岳泰山位于山东省中部，隶属于泰安市，主峰玉皇顶海拔约1545米，气势雄伟磅礴，有"五岳之首""天下第一山"之称。在中华传统文化中，泰山一直有"五岳独尊"的美誉。

西岳华山，雅称"太华山"，为中华文明的发祥地之一。"中华"和"华夏"之"华"，可能就源于华山。华山位于陕西省渭南市华阴市。它南接秦岭，北瞰黄渭，自古以来就有"奇险天下第一山"的说法。

南岳衡山，自古有"五岳独秀"之誉，位于湖南省衡阳市南岳区、衡山县和衡阳县东部。南岳衡山还是我国唯一佛道并存的名山，宗教文化源远流长。由于气候条件这里好，处处是茂林修竹，终年翠绿，奇花异草，四时放香，自然景色十分秀丽，因而又有"南岳独秀"的美称。

北岳恒山，亦名"太恒山"，古称玄武山，其中，倒马关、紫荆关、平型关、雁门关、宁武关虎踞为险，是塞外高原通向冀中平原之咽喉要冲。

中岳嵩山，位于河南省郑州市登封市，是五岳中的中岳，山势挺拔，层峦叠嶂，有很多名胜古迹。中外闻名的少林寺就坐落在这里。

（五）推荐阅读

《图说三山五岳》。

—第3课时 实践园—

（一）导入教学

1. 课件展示：认识泼墨画，欣赏我国历代名家的泼墨画作品，若干幅一般写意中国画作品，引导学生观察、欣赏、思考。

（1）一般写意中国画与泼墨中国画有哪些不同之处？

（2）猜猜泼墨画是运用何种表现方法来完成创作的，说说画面墨色变化的感觉。

2. 揭题：这堂课，我们就尝试用泼墨的方法来创作完成一幅漂亮的中国山水画。

（二）深入教学

1. 课件展示近现代泼墨画名家张大千等泼墨画作品，引导学生欣赏作品中泼墨的各种效果，并说一说自己的感受。

2. 教师介绍泼墨画用具及泼墨方法，并作操作示范。

3. 教师在泼墨形成的自然外形上想象添画，完成一幅泼墨画。

（三）泼墨游戏

1. 学生将调好的墨汁泼洒在一张宣纸上，做泼墨游戏，观察体验形成的自然墨迹外形特点。

2. 教师展示两幅学生习作，分析泼墨效果，提示操作要领。

（四）泼墨画尝试

1. 学生在另一张画纸上，再次进行泼墨或泼彩，并在形成的自然墨迹及外形上进行想象添画，完成一幅泼墨画。

2. 引导学生互评作品并互相交流，教师分析点评、归纳总结。

3.收拾工具材料。

（五）课堂延伸

1.鼓励学生到美术馆或在网上欣赏泼墨中国画作品，感受体会泼墨画表现的韵味意境。

2.推荐阅读《山》。

——第4、5课时　分享屋——

（一）谈话导入

前段时间，我们已经读完了《山》。相信大家有很多收获和感悟，这节课就让我们畅所欲言，谈一谈自己的体会。

（二）故事再现

1.说一说，书中都出现了哪些山，用一两个词概括一下这些山的特点。

（1）学生借助完成的思维导图，先组内分享。

（2）每组派代表分享交流。

（3）教师根据学生汇报，以山的名字和特点写板书。

2.知识大比拼。

（1）《山》的作者是意大利作家阿尔贝托。

（2）本书曾经获得2012年意大利安徒生奖年度图书。

（3）《山》这本书通过意或具象的绘图，为我们展示了世界山峰的壮丽景色。

（三）精彩片段分享

1.讲精彩章节。

（1）用自己的话讲一讲本章节的内容。

（2）打开书，找到书中对应章节再读一读，思考作者描写"山"所选择的例子有何特点。

2.精彩句段分享。

大家在读书的过程中，也找到了很多精彩的句子、段落，和大家一起分享一下吧！

（1）说一说，这些句子或片段精彩在哪儿？为什么打动你？

回答问题时要说清楚，如同学们看第几页的第几行，并读读这些句子，说说自己的感受。

（2）组内可以推荐一位同学来分享，也可以是小组成员用自己喜欢的方式分享给大家。

（3）对学生分享的特别精彩的句段进行积累。

（四）交流故事收获

读完《山》这本书，你又有什么新的收获？请你在作业本上写上自己的读书收获。

—第6课时　实践园—

（一）欣赏导入

1. 知识回顾。

课前连续播放山水画图片，学生欣赏作品，初步感受山水画的艺术魅力。

尝试了解学生：你画过水墨山水吗？你对水墨画了解多少？

生：中锋、侧锋的运用，山石的勾勒、皴擦等。

2. 导入古诗《惠崇春江晚景》。

（1）出示一幅水墨画，看看这幅水墨画表现了怎样的内容。

（2）出示苏轼的诗《惠崇春江晚景》。

（3）读一读《惠崇春江晚景》，思考画面表现了诗中哪两句内容。

3. 揭示课题：像这样根据古诗内容表现画面，把古诗的意境表达出来，称为诗配画。（板书课题——诗配画）

（二）技法交流

1. 交流古诗。

（1）除了这首《惠崇春江晚景》，你还知道哪些描写春天的古诗呢？

示例：《春晓》《清明》《咏柳》《鸟鸣涧》。

（2）写出自己喜欢的有关春天的古诗或诗句。

（3）唐代诗人王维在一个细雨绵绵的春天，送别了他的一位故友，写下了《渭城曲》，让学生读一读。

（4）如果给这些诗配画，可以抓住古诗中哪些关键词句来表现画面？

2. 走近艺术家。

（1）出示现代画家傅抱石的《渭城曲》。

青苍的柳色，带着浓浓的雨意，成为画面的主体，把诗中特有的惜别之情表现了出来。这就是诗的意境。

小结：给诗配画，首先要抓住诗中的关键词句，再进行景物的描绘。

（2）仔细观察，画面中用到了哪些水墨技法？

中锋勾勒枝条、人物，绿色晕染出柳色，淡墨晕染远山、云雾，突出整首诗的意境。

3. 教师示范。

出示唐代诗人徐凝的《庐山瀑布》。可以抓住古诗中哪些关键词来表现景物？（直、白练飞、青山色）

（三）自主表现

参考学习的诗配画方法，为徐凝的《庐山瀑布》配画，用熟悉的水墨画技法突出古诗的意境。

—第7课时　实践园—

（一）导入

蝴蝶有了斑斓的翅膀，才能在花丛中轻盈地飞来飞去；小鸟有了美丽的翅膀，才能在树林里快乐地呼朋引伴；海鸥有了翅膀，才能在大海上自由地翱翔；雄鹰有了翅膀，才能在蓝天上轻快地滑翔……你知道吗？诗歌也有自己的翅膀，那就是想象。诗歌中有了想象，你的诗就会像蝴蝶和小鸟一样飞起来，不仅能引人注目，还能给人带来美的享受。

（二）写法指导

1. 那我们该如何学着写儿童诗呢？首先，我们要做生活的有心人，用明亮的双眼去观察生活中的点点滴滴，去发现美、捕捉美。诗是从生活中来的，生活中蕴藏着无穷无尽的美，只要我们平时留心观察、善于思考，无论是花草虫鱼、雷电风雨，还是日月星辰，都可以写成动人的诗篇。

2. 请你参考《山》中自己最感兴趣的一座山，结合文中的介绍，写一首属于自己的儿童诗吧。

—第8课时　加油站—

（一）导入

千百年来，家乡的名字在不断变化，而山川河流不变，湖泊大海不变，如星辰在天，为我们存续根脉。今天我们将一起走近纪录片《大山有灵》，去感受山对于人的意义。

（二）观看纪录片

略。

（三）学习写观后感

读后感是议论文中常见的文体之一，观后感和读后感相差无几。写好观后感也有章可循。如果按下列方法，先掌握它的基本结构，很容易写好。

1. 叙：概述读了什么，并选好叙述的角度。

2. 评：说明有什么感想，即论点。可就某一点谈，当然最好是从中心角度谈。

3. 析：分析论述为什么有这种感想。

4. 议：论证为什么这种说法正确。

5. 联：联系实际并对比分析。可以是一个人，一件事，一个现象，一个话题，也可以是自己的实际。把实际和读的内容做比较。相同就类比，不同就对比。

6. 结：照应开头，总结论点，说明写作目的，提出解决问题的办法。聆听，思考，做笔记。

（四）观后感分享

1. 小组交流讨论。

2. 全班分享交流。

（五）拓展

师：通过前面的学习，大家对于山的形、色有了基本的认识，那么通过观看纪录片，你认为山对于人们的生活有什么影响？山代表着中华民族什么样的精神和品格呢？

推荐纪录片：《天山脚下》。

"山"主题阅读案例（二）

【课例名片】

年　　级：四年级

设计者：梁懿妍　深圳市宝安区凤岗小学

　　　　罗业垒　深圳市宝安区钟屋小学

【教学内容】

推荐书目：《图说三山五岳》《图解山海经》《三山五岳及传说》《少年读山海经》《山川河流会说话》《山川纪行：臧穆野外日记》《图绘山川：古代地图中的图像与历史》。

【教学目标】

1. 理解《登飞来峰》和《望岳》这两首诗所表达的诗意和画面，感受祖国的秀丽山川。

2. 收集资料，拓宽视野，与小组成员一起探究"三山五岳"以及《山海经》中所蕴藏的地理和人文知识。

3. 通过绘制徐霞客旅行地图、制作深圳探险日记，探寻祖国的青山绿水，感受徐霞客的山水情怀、远游梦想。

【教学过程】

—第1课时 朗读亭—

（一）激趣导入

我们的祖国到处山川秀丽，山有雄壮的风采，山也有朴素的品格。山豪迈，山也俊秀。提起山，你脑海里会浮现出对山怎样的印象呢？你去过或是登过哪些山呢？

（二）引出古诗

1.组织学生集体朗读《登飞来峰》《望岳》。

智者乐水，仁者乐山。山在中国古代诗人的心中有着很高的地位，让我们一起朗读这两首古诗，一同感受诗人眼中的山吧。

2.引导学生理解古诗大意。

《登飞来峰》是北宋文学家、政治家王安石创作的一首七言绝句。诗的第一句写峰上古塔之高，写出自己的立足点之高。第二句巧妙地虚写出在高塔上看到的旭日东升的辉煌景象，表现了诗人朝气蓬勃，对前途充满信心。诗的后两句承接前两句写景议论抒情，使诗歌既有生动的形象又有深刻的哲理。

《望岳》是一首五言古诗，是唐代诗人杜甫青年时代的作品，充满了诗人青年时代的浪漫与激情。这首诗通过描绘泰山雄伟磅礴的景象，热情赞美了泰山高大巍峨的气势和神奇秀丽的景色，流露出了对祖国山河的热爱之情，表达了诗人不怕困难、敢攀顶峰、俯视一切的雄心和气概，以及卓然独立、兼济天下的豪情壮志。

3.再次朗诵这两首古诗，请学生用自己的话说一说读诗时脑海中浮现的画面。

—第2、3课时 探究室—

（一）导入

山不仅仅是一个地理标志，更是一种文化的象征。"登泰山而小天下""相看两不厌，只有敬亭山""飞来山上千寻塔，闻说鸡鸣见日升""会当凌绝顶，一览众山小"……从古至今，山为众多文人墨客所称赞。对于山，你有哪些问题想要探究？提出自己的问题，和小组的成员一起探究吧！

1. 引导学生确定要探究的问题。

（1）山是怎么形成的？地球上为什么会有山？

（2）"三山五岳"是指哪三山哪五岳，你都知道吗？

（3）你知道《山海经》中的哪些神话故事？

2. 指导学生组建探究小组。

合作探究分组：小组成员选择感兴趣的一个方向，以4人为单位组建小组，在探究的时候确保每个组员都参与进来。

（二）搜集资料

1. 组织小组讨论，确定分工：搜集资料、整理资料、模拟汇报。

2. 指导学生利用各种方式搜集资料。

推荐阅读书籍：《图解山海经》《少年读山海经》《山川纪行：臧穆野外日记》。

推荐视频：纪录片《中国山脉介绍》《中国名山系列》。

—第4、5课时　分享屋—

（一）导入

"吾国古籍，瑰伟瑰奇之最者，莫《山海经》若。"《山海经》是一部包罗万象的千古奇书，是一座研究古代地理和神话的宝库。《少年读山海经》系列图书通过解读《山海经》中记载的地理、神话、动植物、矿产资源等知识，讲述我国古人对自然环境的认识和书中蕴含的科学道理，同时普及地理常识，发掘中华文化中的科学精神，激发少年儿童热爱祖国山水、勇于探索大自然的精神。

大家对这本书是不是都跃跃欲试了？下面我们就来一起揭开《山海经》的神秘面纱。

（二）汇报准备与内容

1. 教师指导学生借助表格、思维导图、PPT等进行探究结果的梳理与总结。

2.汇报内容。

（1）你们组探究的是什么问题？

（2）你们是如何分工的？

（3）探究前后你们的想法有何不同？

（三）成果汇报

1.各小组上台汇报探究成果。

2.学生聆听其他组的汇报，相互交流，提出建议。

示例：《少年读山海经：四海有奇闻》探究分享。

（1）探究建议：那是遥远的北大荒，那里是北海之外的陆地和海洋，那里有许许多多的山川、部落、动植物等，让我们以海内的西北角为起点，开启我们的"北方之旅"吧。

（2）探究范围：第三章。

（3）探究积累：将阅读成果分享给大家。

① 了解苏武牧羊的故事，把它讲给同学们听。学习苏武在恶劣的环境下不屈不挠、坚守信念的精神。

② 了解涿鹿之战，并将了解到的信息分享给同学。

③ 给河伯画一幅肖像，将作品在班级中展示。

（四）反思评价

略。

—第6、7课时　实践园—

（一）绘制徐霞客旅行图

1.导入："读万卷书，行万里路"，徐霞客的一生，与祖国的青山绿水紧密相连，他的山水情怀、远游梦想在一幅幅动人的溪山画卷中得到充分展现和释放。学校即将举办"徐霞客旅行地图"手抄报比赛，大家可以根据《少年读徐霞客游记》系列丛书，跟着徐霞客去旅行，根据徐霞客旅行途中的神奇景点、壮美风光、有趣故事，绘制自己的旅行地图。

2.组织学生分享自己的作品。

3.指导学生举行作品展。

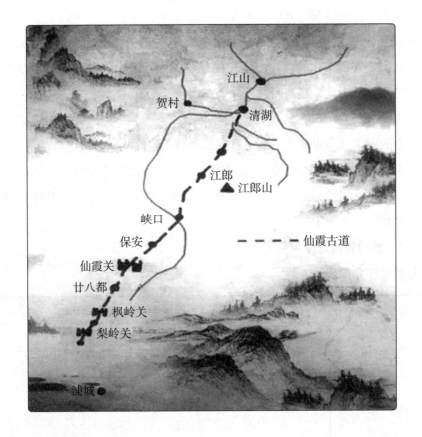

（二）制作自己的探险日记

1. 导入：深圳不仅是改革开放的窗口城市，也是一座依山傍水、人杰地灵的城市，这里有许多山景值得我们去欣赏，如梧桐山、阳台山、笔架山等，请同学们利用闲暇，游览这些胜地，制作自己的探险日记，和大家一起分享。

参考阅读：《山川纪行：臧穆野外日记》。

2. 指导学生完成自己的探险日记，分享收获。

—第8课时　加油站—

（一）观点表达训练

1. 引导学生学习表达自我观点的方法。

什么是议论？议论，是对人或事物所发表的评论性意见或言论。这里所说的议论，不是指纯粹的议论性文章，而是指在记叙、描写的过程中适当穿插一些议论性文字，用以表达自己的观点。

俄国作家鲁巴金说："读书是在别人思想的帮助下，建立起自己的思想。"我们在阅读书本时，应有自己的思考，如了解中国古代山川地图折射出的当时的政治、文化、经济问题，并能提出自己的看法。

2. 荀子说过："知之而不行，虽敦必困。"引导学生阅读《图绘山川：古代地图中的图像与历史》或其他书目，试着写议论性文字，表达自己的看法。

3. 在写作过程中，指导学生运用提示语帮助自己思考和表达。例如，"我认为……""这篇文章这样说……这样我想到了……"等等。遵循针对性、简明性、立意性三个原则。

（二）借助表格进行观点表达

分组合作完成表格。

追寻山川			
姓名		日期	
书名		作者	
这本书的主要观点			
阅读前我的观点			
阅读后我的观点			
我最大的收获			

"海"主题阅读案例（一）

【课例名片】

年　级：三年级

设计者：程诗倩　深圳市宝安区天骄小学

　　　　李雅雯　深圳市宝安区天骄小学

【教学内容】

1. 诗歌：《海和星空的由来》《在山的那边》《致大海》。

2. 小说：《海行者：小心！虎鲨变形人》。

3. 科普读物：《那些大海教我们的事》。

4. 影视资源：纪录片《开动吧！海鲜》《创新中国》《汉字里的贝壳》；新闻《守护海洋　深圳这个队伍吹响"海洋保卫战"集结号》。

【教学目标】

1. 通过朗读关于海的诗歌，积累优美生动的语言，培养语感，感受海的辽阔与包容，激发学习兴趣。

2. 通过了解汉字"贝"的故事，感受汉字演变，并了解关于贝壳的相关秘密，激发探索海洋生物的兴趣。

3. 阅读《海行者：小心！虎鲨变形人》《那些大海教我们的事》等书籍，感受大海的有趣之处，体会大海的资源丰富和大自然的无私奉献，激发热爱海洋、保护海洋、保护自然的情感。

【教学过程】

——第1课时 朗读亭——

（一）交流导入

1. 出示深圳海边图片。

2. "海是一场身怀旖旎的绚烂之梦，而深圳人与海，有着说不尽的故事。"它那水天一色的澄澈，那辽阔宽远的自由都深深地吸引着我们。

3. 名言导入：我整个心灵充满了你，我要把你的峭岩，你的海湾，你的闪光，你的阴影，还有絮语的波浪，带进森林，带到那静寂的荒漠之乡。（普希金）

（二）关于深圳的海的诗歌

2022年，深圳市举办了"面向大海，心向未来"海洋诗歌季，以"在海边，写给未来的诗"为主题面向全民进行诗歌征集。现在，让我们一起去欣赏其中的获奖作品。

1. 学生齐读。

2. 教师播放名家朗读音频。

3. 师生交流感悟。

（三）关于大海的古诗句

1. 白日依山尽，黄河入海流。（王之涣《登鹳雀楼》）

译文：太阳依傍着山峦慢慢地沉没，黄河朝着东海滔滔奔流。

2. 东临碣石，以观沧海。水何澹澹，山岛竦峙。（曹操《观沧海》）

译文：向东进发登上碣石山，来观赏大海的奇景。海水波涛激荡，山岛高高耸立在海边。

3. 长风破浪会有时，直挂云帆济沧海。（李白《行路难》）

译文：相信总有一天，能乘长风破万里浪；高高挂起云帆，在沧海中勇往直前！

4. 春江潮水连海平，海上明月共潮生。（张若虚《春江花月夜》）

译文：春天的江潮水势浩荡，与大海连成一片，一轮明月从海上升起，好像与潮水一起涌出来。

5. 三万里河东入海，五千仞岳上摩天。（陆游《秋夜将晓出篱门迎凉有感》）

译文：三万里长的黄河奔腾向东流入大海，五千仞高的华山耸入云霄上摩青天。

（四）关于大海的名家诗篇

在山的那边
王家新

一

小时候，我常伏在窗口痴想

——山那边是什么呢？

妈妈给我说过：海

哦，山那边是海吗？

于是，怀着一种隐秘的想望

有一天我终于爬上了那个山顶

可是，我却几乎是哭着回来了

——在山的那边，依然是山

山那边的山啊，铁青着脸

给我的幻想打了一个零分！

妈妈，那个海呢？

二

在山的那边，是海！

是用信念凝成的海

今天啊，我竟没料到

一颗从小飘来的种子

却在我的心中扎下了深根

是的，我曾一次又一次的失望过

当我爬上那一座座诱惑着我的山顶

但我又一次次鼓起信心向前走去

因为我听到海依然在远方为我喧腾

——那雪白的海潮啊，夜夜奔来

一次次漫湿了我枯干的心灵……

在山的那边，是海吗？

是的！人们啊，请相信——

在不停地翻过无数座山后，

在一次次地战胜失望之后，

你终会攀上这样一座山顶，

而在这座山的那边，就是海呀。

是一个全新的世界，

在一瞬间照亮你的眼睛……

—第2课时　探究室—

（一）视频导入

播放《创新中国》先导片，跟随奋斗者"蛟龙"号进行深海探索。

（二）背景简介

教师简单介绍"蛟龙"号构成。

（三）交流感受

播放"蛟龙"号探索深海夜潜纪录片，师生交流分享感受。

（四）阅读理解

出示阅读材料，通过文字再次认识"蛟龙"号并感受说明文的表达方式。

（五）布置作业

1.画一画你对海底世界还有哪些想象，并配上文字。

2.画一画你喜欢的载人潜水器，并配上文字说明，注意使用说明方法。

—第3课时　探究室—

（一）字理导入

出示"贝"字的字源演变，结合课文《贝的故事》，引入主题，揭晓贝壳的秘密。

（二）视频播放青岛贝壳博物馆馆长李宗剑讲解的《汉字里的贝壳》

略。

（三）学生交流观看收获

略。

（四）教师进行贝壳画教学及展示

略。

（五）阅读拓展

1. 以"海底世界"为主题进行贝壳画创造。

2. 关于贝壳，你还想了解什么？自主挑选阅读材料进行探究。

—第4、5课时　分享屋—

浩瀚无垠的大海，总能给我们无限的惊喜和想象。大海，是那样辽阔，又是那样深邃，无数人对它满怀着深情。悄悄告诉你，大海就像个调皮的孩子，藏着无数的趣事呢！

（一）有趣的海洋调色盘

1. 观察图片。

感受海洋这个天然调色盘的神奇。请你用3个四字词语形容这些海洋美景。

双色海

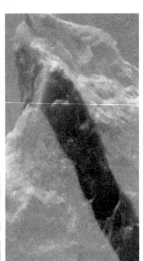

蓝线冰山

赤潮

2.写宣传语。

大海就像一个天然的调色盘，请选一处你最喜欢的海洋美景，用精美的语言为它写一则宣传语，让更多的人产生了解和探索海洋的欲望。

（二）有趣的海洋生物

英国海洋生物学家、作家理查德·哈林顿与澳大利亚插画家安妮·戴维森共同打造出了一本充满海洋智慧的书——《那些大海教我们的事》。书中不仅有61种温暖治愈的手绘插画，还有61条醍醐灌顶的生命哲思。

1.阅读卡分享交流。

同学们已经阅读了《那些大海教我们的事》，请以小组为单位分享自己的阅读卡，记得在评价卡上互相打分哦。

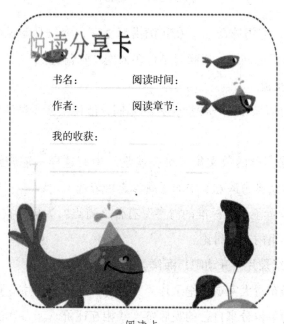

阅读卡

2.海洋趣事多。

大海，不仅为人类提供了许多物质，还教会了人类许多人生智慧。

3.争当朗读者。

大声朗读你认为最能展现海洋生物"有趣"的段落，说说你为什么喜欢这个段落。

4.学做评论家。

（1）观看微课"语文如何做批注"，了解批注的角度、方式和作用。

（2）找出文中描写海洋生物"有趣"的语句，从描写手法和说明方法等方面体会作者对海洋生物的喜爱，学习做批注。

（3）交流批注，丰富对文章的理解。

（三）有趣的海洋馆

1.小组交流自己曾经去过的水族馆。

2.模仿《那些大海教我们的事》的作者的写作手法，运用恰当的描写方法和说明方法，介绍一种海洋生物及它教会我们的人生智慧。

—第6课时 实践园—

"靠山吃山，靠海吃海"，在我国沿海地区，海鲜是常见的美食。相信海味在撩动人们味蕾的同时，也唤起了许多人的"味蕾记忆"。

（一）阅读交流

1.作为在海边城市——深圳长大的你们，能说出多少种海鲜？都吃过哪些海鲜呢？

著名作家梁实秋的散文集《雅舍谈吃》中有这样一道海鲜，让人垂涎三尺。阅读梁实秋《雅舍谈吃》中的《海参》（节选）。

2.思考：作者笔下"标准的海参"有什么特点？为什么它让作者多年都念念不忘？请在小组内交流讨论。

（二）观看纪录片《开动吧！海鲜》并交流

1.课前已经布置大家观看纪录片《开动吧！海鲜》，并写了观后感。

2.以小组为单位分享自己的观后感，并相互评价。

3.小组推荐代表交流，教师点评。

（三）学做海鲜大餐，制作美食推荐卡

下周，我们学校将迎来两位来自西藏的同学，他们从来没有吃过海鲜，这两位同学非常期待能吃到我们深圳的海鲜。请大家根据自己的喜好，利用周末做一道海鲜大餐，并制作一张美食推荐卡。一起邀请这两位来自远方的朋友尝尝海鲜大餐吧。

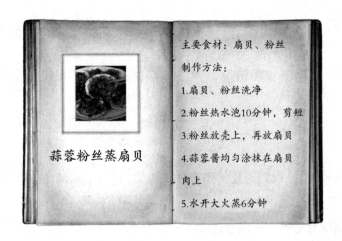

主要食材：扇贝、粉丝

制作方法：

1.扇贝、粉丝洗净

2.粉丝热水泡10分钟，剪短

3.粉丝放壳上，再放扇贝

4.蒜蓉酱均匀涂抹在扇贝肉上

5.水开大火蒸6分钟

蒜蓉粉丝蒸扇贝

—第7课时　实践园—

海洋怀抱着陆地，滋润地球，哺育众生，它是无穷无尽的乳汁，是原初物质，是"肉质的水"。海洋以高贵的蔚蓝色，与苍穹天宇相映照，美得无与伦比。

海洋和生命的起源关系密切，生物的演变进化离不开海洋。时至今日，人类的生存和发展也离不开海洋。

作为一种陆地上的生命，人类用了数百万年征服陆地，而在21世纪，人类终于真正开始征服海洋了。——这可不是仅仅开船环游世界那么简单，人类在向海洋索取空间，排放垃圾，同时掠夺资源。这是一场属于海洋的危机，但人类正沉迷其中无法自拔。

（一）看新闻，各抒己见

1.观看日本福岛第一核电站启动核污染水排海的新闻。

2.讨论：日本将核污染水排入大海，可能会对深圳及我们的生活产生什么影响？

（二）蔚蓝少年说

2009年，联合国正式确定每年的6月8日为"世界海洋日"，希望世界各国能借此机会关注人类赖以生存的海洋，体味海洋自身所蕴含的丰富价值，同时审视全球性污染和鱼类资源过度消耗等问题给海洋环境和海洋生物带来的不利影响。如果缺乏保护，也许多年之后再也没有一片干净的沙滩能让我们驻足，保护海洋是我们共同的责任。那么作为未成年人，我们能够为保护海洋做些什么呢？

请你根据自己的实际情况，写一篇演讲稿，呼吁人们关注海洋，保护海洋。

—第8课时　加油站—

关于保护海洋，我们究竟该怎么做？《海行者：小心！虎鲨变形人》会告诉你答案。

（一）阅读与鉴赏——把握内容

1. 观察封面，你看到了什么？想到了什么？最吸引你的是什么？

2. 写下四个有趣的情节。

①	②
③	④

3. 理清故事脉络。

开始：
经过：
结果：

（二）梳理与探究——感悟人物形象

1.关注目录，小组合作交流讨论。

哪个篇名最吸引人？	
哪个篇名最奇怪？	
根据目录，你有什么样的猜测？	

2.用自己的话描述书中的人物。

6个词形容人物						
说说你为什么喜欢/不喜欢这个人：						

3. 想一想：在书中不同的小故事里，人物形象有哪些相同点和不同点？将你的发现填在学习单中。

故事名称	人物形象	
	相同	不同

（三）表达与交流——采访和问答

如果想知道蒂亚戈面对危险时的想法，应该怎么办？

1.选择故事，准备交流。

聚焦喜欢的故事，选择同一故事的学生为一组，分工合作（可分为绘画设计团、记者团、蒂亚戈团）。

（1）绘画设计团：小组合作绘制情节图画，把情节精彩的地方画出来。

（2）记者团：抓住亮点（情节的紧要处、关键处），提出三个有价值的问题。

（3）蒂亚戈团：思考记者会提什么问题，应该怎样回答。

2.展示交流，相互评价。

3.汇报阅读收获。

4.阅读拓展：《海洋卫士亨特1：狂鲨私语》等作品。

"海" 主题阅读案例（二）

【课例名片】

年　级：四年级

设计者：梁懿妍　深圳市宝安区凤岗小学

　　　　罗业奎　深圳市宝安区钟屋小学

【教学内容】

1. 诗歌：郑振铎《海燕》、高尔基《海燕》、舒婷《致大海》、普希金《致大海》、张若虚《春江花月夜》、白居易《题海图屏风》、柯勒律治《古舟子咏》、阿尔凯奥斯《海上风暴》。

2. 小说：《海底两万里》《格兰特船长的女儿》《神秘岛》《格列佛游记》《鲁滨逊漂流记》《少年派的奇幻漂流》。

3. 其他：《中国海洋梦系列原创绘本》《大海的礼物：中国海洋生物手绘图鉴》《海洋塑料：一个入侵物种》《关于人鱼的几乎全部真相》。

【教学目标】

1. 认识并掌握中国海洋梦的发展：从海洋神话故事、海洋历史，到当今海上探索。

2. 探究海上丝绸之路的发展，阅读相关书籍，观看相关动画片和纪录片，尝试画出海上丝绸之路的简图。

3. 探究海洋与人类的关系，认识海洋，学会保护海洋环境。

【教学过程】

—第1课时　朗读亭—

（一）导入

1. 如果从外太空看，地球是一颗蔚蓝色的星球——我们对这个图景并不陌生。每次看到世界地图时，我们会发现，蓝色是地图的主色系。地球超过70%的表面被海洋所覆盖。海洋深刻地影响着人类社会的发展以及文明的演进。

2. 提起海，你脑海里浮现出对海怎样的印象呢？请畅所欲言。

3. 欣赏海的图片。

（二）学习、朗读关于海的成语、诗歌、文章

1. 与海有关的成语。

波澜壮阔、波涛汹涌、海阔天空、风平浪静、无边无际、百川归海、惊涛骇浪、汹涌澎湃、堆山积海、海不扬波、志在四海、众川赴海、珠沉沧海、铸山煮海、四海升平、百川朝海、架海金梁、宦海风波、排山倒海、搅海翻江、四海飘零、翻江搅海、海沸山裂、海沸山摇、移山拔海、移山回海、移山竭海、移山跨海、移山填海

（1）教师领读以上关于海的成语。

（2）学生自由朗读。

（3）学生选择感兴趣的成语进行识记背诵，越多越好。

（4）比一比：挑战看谁记得多。

2. 关于海的诗歌

（1）出示舒婷的《致大海》和普希金的《致大海》。

（2）教师领读以上两首诗。

（3）学生自由朗读诗歌。

（4）对比两首诗歌，理解、朗诵。

3. 关于海的文章

示例：郑振铎《海燕》。

（1）教师范读文章。

（2）学生自由朗读，读出情感美，读出节奏美，读出感受，读出享受。

（3）学生分组欣赏、朗诵。

—第2、3课时　探究室—

（一）海洋神话

1. 导入。

海洋神怪的奇异风貌、上古流传的神话传说、真实的山川大河与虚构的边远极地交织，自古以来有无数神话故事影响了一代又一代人。

在中国古代海洋神话中，有关海神、海仙、海怪的记载众多，不可胜数；其奇诡斑斓，不可尽述。这些记载构成了中国海洋神话的洋洋大观。中国海洋神话内容丰富多彩、生动绚丽，几乎在各朝代各类的文化典籍中都有它的影子。从《诗经》《楚辞》《山海经》到诸子百家的著述，从古代历史典籍到航海者的录述，海洋神话随处可见。

2. 探究。

自古以来无数与海洋相关的神话故事影响了一代又一代人，今天我们一起探究中国的古代海洋神话。

完成神话阅读表与其图文作品。

中国古代海洋神话		
人物	故事	情节
	哪吒闹海	
	八仙过海	
	精卫填海	
	妈祖护海	
	大禹治水	
	沧海桑田	

（二）海洋历史

1. 导入。

中国的海洋史上有过辉煌，却也有落后、挨打、屈辱，因此，我们更需要了解中国海洋的历史故事。牢记历史，增强海洋意识。

2. 探究。

（1）出示资料：

航海，是人类古老的集体活动之一。中国在历史上素来不是一个以海洋为发展主线的国家，但在漫长而宽阔的亚洲海岸线上，我们的海上贸易和移民活动虽偶有中断，却从未缺席，可以说海洋影响并塑造着中国文化。在世界海洋文明的发展中，中国也扮演着重要角色。

2005年，为了纪念郑和下西洋600周年，我国将7月11日定为中国航海日。这一天，是明代航海家郑和首航的日期，他带领船队7次远航太平洋和印度洋，拜访了30多个国家和地区，最远到达了东非和红海，不仅把中国的茶叶、瓷器、丝绸等带给外国，还把国外的香料、工艺、奇珍异兽带回了中国，对中西世界的外交、经济和文化交流产生了深远的影响。

（2）以绘本《郑和航海》《鉴真渡海》《甲午黄海》《宝船沉海》为线索，探究中国航海历史。

（3）学生复述"郑和下西洋""鉴真东渡"等故事。

（4）尝试绘制郑和航行路线图。

（三）当代海洋科学探索

1. 介绍中国第一艘航母辽宁舰、穿梭于南北极的极地考察船"雪龙"号，以及创造了载人深潜纪录的载人潜水器"蛟龙"号。

2. 阅读绘本《巨龙出海》《卧龙南海》《蛟龙潜海》《雪龙冰海》，了解我们国家为当代海洋发展所作的探索。

3. 分小组概括阅读的故事。

（1）2012年9月服役的辽宁舰是中国海军第一艘航空母舰，它标志着我国建设海洋强国征程中一个新的开始。绘本描述了辽宁舰诞生的辉煌时刻及雄伟的巨舰巡逻在祖国广阔的海疆上的场景。

（2）故事以今天中国海洋事业日新月异的发展为宏大时代背景，反映了中国和谐进取的海洋观念和卓越的海洋开发成就。中国南海是海上交通要道，海洋资源丰富，南海诸岛自古以来便是中国的领土，战略地位极为重要。故事描述了我国政府对南海的统一管理及对我南海岛礁的建设及发展，这增强了南海岛礁国际公益服务的能力。

（3）"雪龙"号是中国最大的极地科学考察船，截至2024年，已先后40次赴南极、9次赴北极执行科学考察与补给运输任务，航迹遍布四大洋，创下了中国航海史上多项新纪录。本书以手绘图片的形式，给小读者展现神秘的"雪龙"号的方方面面，让他们在了解这艘科考船的同时，知道它为中国及世界各国所作的贡献。

（4）近年来，我国深海载人潜水器研制和载人深潜试验取得重大进展。2012年7月，"蛟龙"号在马里亚纳海沟创造了下潜7062米的载人深潜纪录。故事不仅描述了"蛟龙"号神秘惊险的海试过程，也展示了大海深处神奇瑰丽的景象。

4.拓展阅读。

—第4、5课时　分享屋—

（一）了解海上丝绸之路的历史背景

海上丝绸之路是一条中西贸易之路，也是中西文化交融之路，它使中国从陆地走向海洋。同时，它沟通两大洋，连接中国、东南亚、中东与非洲。海上丝绸之路形成于秦汉，繁荣于唐宋，影响至今历久弥新。建立"21世纪海上丝绸之路"不仅有深厚的历史渊源，也有坚实的现实基础，对促进中国及海上丝绸之路相关各国的经济发展、文化交流，有着极为重要的意义和作用。

（二）了解海上丝绸之路的线路简图

1.小组内确定探究主题，了解古代海上丝绸之路的路线图。

2.合作完成探究表格。

海上丝绸之路线路图				
发展阶段	时间	时代	贸易内容	主要港口
萌芽				
发展				
形成				
兴于				
转变				

3. 根据以上小组探究，尝试画出海上丝绸之路简图并分享。

（三）海上丝绸之路现代发展

1. 阅读新闻资料。

古代海上丝绸之路是中国与外国贸易往来和文化交流的海上大通道，推动了沿线各国经济文化的共同发展。

时至今日，世界经济迅速发展，各国之间联系日益紧密，互惠、共生也成为大多数国家奉行的发展方针。2013年10月，习近平总书记访问东盟国家时首次提出共建21世纪海上丝绸之路。

2. 请同学们谈一谈，从海上丝绸之路的历史到"一带一路"倡议的提出，对你有什么启示？

—第6课时　实践园—

（一）导入

深圳是一个临海城市，我们经常与海为伴，与海洋生物为伴，当同学们漫步在沙滩上时，也许就会被某种叫不上名字来的小生物所吸引，当我们徜徉在海洋博物馆时也会被神奇的海洋生物所吸引。请同学们阅读《大海的礼物：中国海洋生物手绘图鉴》这本书，通过100种海洋生物手绘图鉴，了解包容万物的神秘海洋。

（二）出示生物图鉴，了解其名字和习性

1. 用彩色卡片出示"法螺""海马""翡翠贻贝"等生物图片。

2. 请学生尝试说出它们的名称和习性。

3. 学生之间互相补充。

（三）海洋生物之趣

用各种方式（如个性空间设计、创意解说、作画、改写等）和同学分享自己觉得有趣的海洋生物。

在以上阅读相关海洋生物相关书籍的基础上，用各种方式介绍自己感兴趣的生物。（以海马为例）

1. 创意解说。

学生自由选择描写海马的片段，用生动的口吻读出来。在学生朗读前，教师先播放制作的创意解说。

2. 个性空间设计。

学生结合自己选择生物的特点及习性，以第一人称的形式设计个人空间主页。

我的空间介绍		
昵称：海马	特长：能很有效率地捕捉到行动迅速、善于躲藏的桡足类生物	自我介绍：我叫海马，是一种小型海洋动物，身长5～30厘米。因头部弯曲与体近直角而得名，头呈马头状。我的眼可以各自独立活动。我可是海洋的标志性动物之一呢！
性别：不重要	缺点：行动迟缓	
年龄：保密	个性签名：我是地球上唯一一种由雄性生育后代的动物	
性格：活泼		

3. 以图画方式展现海马。

4. 改写。

用自述的方式向大家介绍"海马"的故事。

示例：

同学们，我给你们出一个谜语吧，你们可要听仔细了：说马不是马，路上没有它。若要当药材，要到海中抓。你们猜出来了吗？让我告诉你吧：那就是我——"海马"。但我可不是马哟！我长得小巧玲珑。在咱们家族里，身高5厘米是"小矮人"，但长到20厘米就是"大巨人"了。我嘛，不高不矮，很正常。我的脑袋扁扁的，头顶上长着一簇小刺，似一朵美丽的鲜花，又如金灿灿的王冠。我的眼睛小小的、圆溜溜的，像又黑又圆的黑葡萄，也像闪闪发光的黑宝石，还像两颗黑玻璃珠。告诉你一个秘密，我的眼睛还可以360度转动呢！我的鼻子又长又细，像一根吸管，也像一根小棍子。我的尾巴很长很长，卷起来的时候像一个音符，展开的时候像拖着一条用刺做成的鞭子。对了，介绍了这么多，你们还不知道我住哪呢！我住在一个美丽的地方——大海浅水处。那里就是我的"水晶宫殿"，我的玩具有珊瑚、海草……我最喜欢在珊瑚丛中捉迷藏，在海草上玩荡秋千了。告诉你们两个惊人的秘密：第一，我们是爸爸生的；第二，如果我健康的话，可以三天不吃东西。很惊讶吧？小朋友们，欢迎你们来到我的"水晶宫殿"做客，到时候我会拿最好吃的丰年虾来招待你们，好不好？

（四）海洋生物之悟

海洋的美丽和脆弱无时无刻不在提醒我们，海洋有着怎样的过往，人类期许怎样的未来。海洋的神奇和丰饶、精彩和活力，取决于我们的选择，取决于人类的一念之间。

—第7课时　实践园—

（一）课前预习

1. 说出海洋环境问题的主要类型。

2. 举例说出深圳地区主要的海洋环境问题。

相关调研：班级分5个探究小组，查阅相关资料，调查深圳某一种海洋环境问题，分析这种问题的产生原因及危害，并思考解决措施。

（二）课堂环节

1. 总结预习及"我"的疑惑。

在预习中，同学们能准确说出海洋环境问题的类型，同时能够举出深圳的海洋环境问题，如造船业排污、沿海居民或游客遗留垃圾过多、生活农业污水排放、大钢大化等厂排放工业废弃物使海水中有害物质增多等带来的海洋环境污染，以及过度捕捞导致海洋生物资源减少、赤潮、填海过多等海洋生态破坏。

2. 同学们针对预习提出这样的疑问：海洋环境问题对人们生产生活的影响是什么？海洋环境问题的应对措施有哪些？

3. 自主学习：海洋污染物来源。

结合深圳部分沿海区域情况简图，分析深圳海域污染物的主要来源。

案例一：海洋环境污染——海洋垃圾

思考：海洋垃圾对海洋生物及人类的影响。

阅读材料：

深圳潜水志愿者在海底捡垃圾：海洋垃圾对海域环境的破坏让人心痛。从2018年至2021年，一直在南澳海贝湾潜点从事海洋垃圾清理的潜水教练说："我们最多一次收集到100多公斤的海洋垃圾，平均下来每次也会有15公斤以上的垃圾。根据经验判断，海贝湾海域的水下垃圾一般在夏天旅游旺季时相较冬季较多。"

案例二：海洋生态破坏——赤潮

小组合作，通过阅读分析赤潮的产生原因、危害及解决措施。小组派代表展示成果。

（三）课堂反思

关于保护海洋，我们可以做什么？

推荐阅读：《海洋塑料：一个入侵物种》。

—第8课时　加油站—

（一）导入

关于海洋的探索，古今中外数不胜数、络绎不绝，随着航海技术和历史的发展，关于海洋文学的创作也兴盛起来，对于海洋，中外都有不同类型的文学创作。以小说为例，请同学们搜集中外著名的海洋文学创作。

（二）指导学生进行资料收集

1. 网络查找法。

2. 传统资料查找法：通过网络的先期查找，基本可以获得对研究目的的大致认识，然后从传统的图书、期刊等资源入手，进行定向和定题的查询。

3. 调研：问卷调查。

4. 日常的积累：对信息资料的敏感性的培养应该是一个日积月累的过程。为了达到这一目的，就要在平常的工作学习和生活中，养成对资料的分类整理以及消化吸收的好习惯。

5. 其他手段的利用：在收集信息和资料的时候，还有一些资料的收集不是利用检索的手段就可以完成的，需要用一些并不属于资料检索的手段。

（三）讨论交流

围绕以上主题，四人小组合作，借助今天的课堂内容，探究资料收集的方法。

（四）学生分享

1. 列举与海洋有关的小说：《海底两万里》《格兰特船长的儿女》《神秘岛》《老人与海》《格列佛游记》《鲁滨逊漂流记》《少年派的奇幻漂流》《白鲸》《三宝太监西洋记》。

2. 发现：以上为人所知的小说大部分属于外国文学，中国文学中以海洋为题材的作品较少。

3. 思考：出现这种差异的原因是什么？请同学们继续利用以上方法搜集关于中国古代海洋历史和外国航海历史的背景资料，简单说明。

第一学段

主题阅读

第二学段

主题阅读

第三学段

主题阅读

"家"主题阅读案例（一）

【课例名片】

年　级：五年级
设计者：陈冬雪　深圳市宝安区凤岗小学
　　　　黄楷旋　深圳市宝安区固戍小学

【教学内容】

1. 推荐书目：《朱子家训》《吾家小史》《万家灯火，一盏归处》《我的理想家庭》《家》《家人闲坐，灯火可亲》《养家之人》。

2. 视频资源：《红色文物青年说：守望家风——一只小皮箱》，央视微视频《家风传承》，《探索发现·家风》。

【教学目标】

1. 朗读并积累有关"家"主题的经典选段，通过"家"的字源，理解家的含义。

2. 理解《我的理想家庭》这篇文章所表达的含义和情感，体会家庭给我们带来的温暖和关爱。激发对《万家灯火，一盏归处》的阅读兴趣，梳理中国作家视角下的父亲、母亲的特点。聚焦汪曾祺笔下的父亲和母亲，感受亲情的温暖。

3. 由阅读家书到聆听家书，进而创作家书，增进对家书文化的理解以及对亲缘关系的思考，培养感恩意识，促进自我成长，同时锻炼理解能力和表达能力。

【教学过程】

—第1课时 朗读亭—

（一）字源导入

什么是"家"？有人说，家是有老有小，有说有笑；柴米油盐，有锅有灶；家人团圆，和睦相处；互敬互爱，幸福相伴。家是一声亲切的呼唤，一个温暖的拥抱，一桌丰盛的饭菜。同学们，你们觉得何为"家"呢？

1. 观察"家"的甲骨文，谈发现。

2. 字源字形："家"字最早见于甲骨文。字形为上面是"宀（mián）"，表示与房室有关；下面是"豕"，即猪。

"家"，会意兼形声字。《说文解字》："家，居也。从宀，豭（jiā）省声。"又说："豭，牡豕也。"《礼记·杂记下》："凡宗庙之器，其名者，成则衅之以豭豚。"豭豚的意思是小公猪，后泛指公猪。

3. 字意解析："家"，本义是屋内、住所。《诗·周南·桃夭》："之子于归，宜其室家。"《周礼·地官》郑玄注说："有夫有妇，然后为家。"《汉书·司马相如传》："家徒四壁立。"引申为安家落户、定居，"可以家焉"。家还可引申为自己家庭的住房、室内等意。

家，是庇护所，是我们温暖的港湾，是漂泊他乡的游子魂牵梦萦的地方。我们一起来读读关于"家"的古诗。

（二）写"家"的古诗

1. 出示古诗《清平乐·村居》《邯郸冬至夜思家》《望月怀远》《月夜》。

2. 学生自由读古诗。

3. 小组交流古诗含义。

（三）写"家人"的现代诗

思乡、思家，思的是至亲至爱之人，有了家人，家才显得温馨、可爱。我们一起来读读关于"家"的现代诗。

1. 出示：冰心《纸船——寄母亲》、西娃《"哎呀"》。

2. 师生合作朗诵这两首诗。

3. 学生谈感受。

（四）拓展阅读

《家》。

—第2课时 探究室—

（一）观看国际家庭日公益广告

家是什么？

家，是每个人人生的始发站。

当生命的第一声号角吹响，你，便与"家"这个地方，产生了一生的羁绊。

家是火车到站后拨通的第一个电话，是深夜归来时等待你的灯光，是饥肠辘辘时精心张罗的饭菜，是一想到就会给你温暖与勇气的地方，是你坚持奋斗的动力、在外拼搏的意义……5月15日，国际家庭日，一起，回家。

（二）共读

1. 出示：毕淑敏《家问》，丰子恺《家》。

2. 师生共读。

3. 学生谈读后感。

（三）探究讨论

你理解的家是什么？你理想中的"家"是什么样子的？未来你想如何构建你理想中的家？

（四）拓展视频

观看影视资源《万里归途》。

（五）推荐阅读

推荐《我的理想家庭》（老舍）、《吾家小史》（余秋雨）。

—第3课时　探究室—

（一）导读

作家蒋勋在《父亲握着我的手书写的岁月》中写道："我记忆很深，父亲很大的手掌包覆着我小小的手。毛笔笔锋，事实上是在父亲有力的大手控制下移动。我看着毛笔的黑墨，一点一滴，一笔一画，慢慢渗透填满红色双钩围成的轮廓。"

《万家灯火，一盏归处》是一部以家和亲情为主题的名家散文合集，收录了沈从文、汪曾祺、梁实秋、丰子恺、茅盾、蒋勋、周国平、苏童、冯骥才、史铁生、宗璞等16位知名作家回忆父亲母亲、回顾成长经历的经典作品。

全书按内容分为两部分：

辑一为父亲。在名家们的回忆中，是父亲的坚毅宽厚锻造了他们的性格，使他们成为顶天立地的男子汉。父亲为他们做的每件小事，平凡却伟大，都让他们记忆深刻，影响他们走过漫漫人生。

辑二为母亲。在名家们的回忆中，是母亲的温良恭俭让培育了他们的品格，让他们变得柔韧而坚强。母亲对他们的每一次关爱，说的每一句话，都让他们感动终生。

（二）师生共读

1.共读片段：《多年父子成兄弟》中的父亲形象。

思考：汪曾祺笔下的父亲是什么样的？请你结合文章批注。

2.共读片段：《老母为我"扎红带"》中的母亲形象。

思考：阅读全文，说说这篇散文的主要人物是谁，写了哪几件事情，这些事情中蕴含着哪些感情。

3.推荐阅读：《家人闲坐，灯火可亲》。

（三）探究任务（三选一）

1.阅读《万家灯火，一盏归处》，结合内容，梳理概括出作品中父亲、母亲的人物形象，说说两种形象的异同。

2.结合《万家灯火，一盏归处》，摘抄描写亲人的片段，说说从作者的文笔中学到了哪些写人写事的手法。

3.阅读《家人闲坐，灯火可亲》，结合文章和人物生平，说说对"多年父子成兄弟"的理解。

———第4课时　分享屋———

（一）导读

《吾家小史》是余秋雨先生的自传，主要记述了余家三代人在抗日战争、解放战争等时期的经历，是一部血与泪织就的家族史诗。

时代的风云，社会的动荡若落到一个家庭、一个个体身上，往往具有一种毁灭性的力量。作者在文中写道："像一切败落一样，最后一关是人格灾难。"然而余家人，反而在人生的穷困之处愈加显示出人性的高贵。

（二）共读分享：坚韧强大的祖母

1.分享书中令你印象最深刻的一位人物，并说说理由。

2.说说你的收获。

人物	事迹	品德	学习感悟

3.小结：余秋雨一生深受父辈影响。正因为有祖母、母亲、父亲、叔叔这些亲人对他点滴的潜移默化，才有了余秋雨日后在面对流言、质疑、批判时表现出的旷达的态度。

———第5课时　分享屋———

（一）引导探究

1.观看央视纪录片《家风》片段。

2.谈谈你对"家风"的理解。

3.分组分享你的家族有什么样的家风，用一两件事说明。

（二）阅读分享

1.共读《梁启超和他的儿女们》简介。

他是中国近现代史上著名的思想家、政治家、文学家、史学家和教育家，他或叱咤政坛，或潜心研学；他著述甚丰，与同时代诸多重要人物都曾有过往，对中国社会影响深远。他在忧国忧民、勤奋著述的同时更注重教育培养自己的儿女。他的孩子个个都是相关领域内的栋梁之材，九位子女中出了三位院士。作者为梁氏家族成员，以翔实的史料和鲜活的事例，生动讲述了梁启超及其儿女们的非凡经历，更为广大读者指点了家庭教育的迷津。

2. 小组合作初步了解梁启超的儿女。

读了上面介绍大家一定对梁启超的家庭充满好奇，他们叫什么名字，在哪些方面有了不起的成就，分小组到书中找答案，填写下表：

排行	姓名	主要成就	让你想到什么

3. 各小组派代表分享自己小组同学在梳理中想到什么，想在书中了解什么？

（三）开启阅读

刚才的活动中同学们都感受到家庭对于一个人的成长有着至关重要的作用，每个人身上都有着家庭甚至是家族的印记，无论是伟人还是普通人他们的家族都会传承着家族的基因和精神。下面同学们自由阅读《梁启超和他的儿女们》，期待同学们在阅读中得到启发并带到你的家庭中去。

—第6、7课时　实践园—

（一）"寻家谱、知家风、传家训"

家谱，延续着家族的血脉，传承着祖上的遗训与期望；家风延绵，代代相续，与时俱进。请同学们以小组为单位，利用假期寻访长辈，了解家族来源，聆听家族故事，撰写家谱感悟，探索家族家谱，绘制家谱树，阅读《百家姓》，介绍家族特色和传统生活习惯等。

（二）"感动班级家书评选"活动

1.指导学生利用课后时间搜集名家家书，并选定其中一篇撰写推荐语。

（1）教师引语：

从古至今，一纸信笺，笔墨达意，或洋洋洒洒，或短小精悍，字里行间道尽了写信人那些无法言说的情感。而在这么多的书信种类中，家书显得尤为动人。一封家书，辗转几地，兜兜转转，终究到了那个殷殷期盼着的人的手中。

家书，其实不仅仅用作传递信息或是聊告相思，文人、官员的家书更是寄托了其教育或政治思想，蕴藏了丰厚的文化内涵。请各小组通过查找收集和阅读有关家书的资料，各小组分工合作，一起推荐一篇家书，并完成推荐语的编写。

（2）方法指导：

① 推荐语目的：重在"推荐"，目的在于让人喜欢。

② 如何写推荐语。

首先，读懂文章，把握文章体裁类型及主题，告诉大家文章的主要内容。

其次，介绍这篇文章值得推荐的地方，即文章的主要特点，一般可从主题理解、语言风格、写作方法等方面入手。阐述时可适当引用概括相关语句，加以具体说明。

2.组织学生分享家书及推荐语。

（1）小组交流搜集到的感人家书。

（2）家书的内容是什么？

（3）家书表达方式的梳理。

（4）读完这篇家书你们有什么感受呢？

（三）"记录家人"活动

1.指导小组合作，选定小组成员记录片段。

（1）各小组组员以"家人"为主题，在自己家中进行拍摄，记录自己眼中的一位家人。用合作的形式完成作品的设计、制作和介绍等工作。

（2）方法指导。

① 确定主题：确定纪录片的主题、故事、某个事件、人物或社会问题。

② 进行研究：充分了解、收集相关资料。

③ 编写剧本：编写纪录片的剧本，包括结构、故事线、角色和场景，要求符合一般文学剧本的格式。

④ 制订拍摄计划：制订详细的拍摄计划，包括场景、角色、拍摄时间、工作人员，以及所需的器材、设备和道具。

⑤ 采访和拍摄素材：根据剧本进行拍摄。

⑥ 进行后期制作：选择最佳的素材、剪辑片段、添加音效、配乐、制作字幕和动画等。

⑦ 完成和发布。

2.指导学生上台分享作品，邀请家长观看。

—第8课时　加油站—

（一）带家人阅读

1."家"是每个人成长的摇篮，是每个人与世界链接的第一站，作为家庭成员的你，在阅读了上面的书记之后也想给你的家人分享吧，那就做一个分享卡：

书名：	作者：
最想分享给谁：	
最打动你的章节介绍：	
阅读本章节的感受（或是联想）：	
想讨论的话题： ① ②	

2.小组内演练分享。

（二）建设我的家

1. 策划一次家庭会议。

会议时间：	会议地点：
参加人：	
会前准备：	
会议议题： ① ②	
具体行动： ① ②	

2. 小组同学分享并修改方案。

（三）拓展阅读

1. 阅读方法指导。

（1）画人物关系图

在阅读的过程中我们会碰到很多的人物，他们可能是一个大家庭的成员，也可能是共同工作的同事，抑或是具有一定关联的人，理清人物关系是把一本书读明白的基础，挑选一本最近阅读的书，用画人物关系图的方式梳理书中的人物。

（2）整理主要事件

每本书的叙述离不开事件的描述，概括主要事件也是阅读的方法。跟小组同学讲一个最近读的故事，能说出人物、事件起因、简单的经过、事件结果就行。

2. 阅读推荐。

《红楼梦》《家》是两部关于大家庭兴衰的经典小说。选择一部小说，用画人物关系图、整理主要事件的方式去阅读。

"家"主题阅读案例（二）

【课例名片】

年　级：六年级

设计者：李　倩　深圳市宝安区凤岗小学

　　　　禹　娟　深圳市宝安区钟屋小学

【教学内容】

1. 小说：（日）是枝裕和、（日）佐野晶《如父如子》。

2. 散文：史铁生《秋天的怀念》，汪曾祺《家人闲坐，灯火可亲》，杨绛《我们仨》。

3. 书信：傅雷《傅雷家书》，刘少鹏、李叶蔚《家书里的故事》。

【教学目标】

1. 朗读《朱子家训》，感受其韵律感及教诲意义，理解中国的家族、家风传统与儒家"修身齐家治国平天下"的关联。

2. 共读《我们仨》《如父如子》《傅雷家书》《家书里的故事》，培养感恩意识，促进自我成长。

3. 借助与"家"有关的意象编写三行诗，通过朗读诗歌与制作书签，促进对家庭、家乡、国家的思考和理解，培养动手能力，提升审美意识。

【教学过程】

—第1课时 朗读亭—

（一）家训朗读

1.出示《朱子家训》（节选）。

黎明即起，洒扫庭除，要内外整洁。

既昏便息，关锁门户，必亲自检点。

一粥一饭，当思来处不易；半丝半缕，恒念物力维艰。

宜未雨而绸缪，毋临渴而掘井。

自奉必须俭约，宴客切勿流连。

器具质而洁，瓦缶胜金玉；饮食约而精，园蔬愈珍馐。

勿营华屋，勿谋良田。

2.了解概况。

我们首先来认识一下《朱子家训》中的"朱"。朱柏庐（1627—1698），原名朱用纯，字致一，自号柏庐，江苏昆山人（今江苏省昆山市），著名理学家、教育家。其父朱集璜是明末的学者，清顺治二年（1645）守昆城抵御清军，城破，投河自尽。朱柏庐自幼致力读书，曾考取秀才，志于仕途。清军入关明朝灭亡后遂不再求取功名，居乡教授学生并潜心程朱理学，主张知行并进。康熙帝曾多次征召，然均为先生所拒绝。其曾用精楷手写数十本教材，"吴中三高士"之一，康熙三十七年（1698）染病，临别前嘱弟子："学问在性命，事业在忠孝。"《朱子家训》以修身齐家为宗旨，集儒家做人处世方法之大成，思想博大精深，通篇意在劝人勤俭持家、安分守己。

（二）家训传统的意义

1.大传统。

大传统通过受一些有地位、有教养的殷实家庭之环境所影响，和上层社会的通行规则结合而逐步建立，并在古代透过私塾、学校和书院的教育进行传播。在古代中国，一个在这样传统里生活的人，从小受家塾教育，从小读经典，长大了考经典，成人以后再按照经典的礼仪规则参加社会活动。这些人依靠书信、诗词往来，形成互相认同的一个阶层。

2. 小传统。

很多关于宗教信仰的知识和道理被记录在民间善书、皇历、家族规约等文本里面。有时乡村学校在教书中就不知不觉地把这些道理和知识传递给了学生。

在农村的节庆日、祭祀日等，会有祠堂、婚礼、丧葬等仪式，这些仪式告诉人们祖先的重要性，而祖先的重要就意味着家庭的重要。家庭放大就是家族，家族是互相认同和互相支持的共同体。比如《四郎探母》中就有家庭与国家、个人感情和民族大义之间的大道理；《十五贯》反映了关于偷盗等不良行为的因果报应问题；《隔江救阿斗》传达了忠义的伦理。这些戏剧使人们容易接受这套知识和道理，他们常常会引用戏文说事，也会引用戏曲故事来教育小孩子。

3. 交流收获。

儒家思想，是大传统；家族、家教、家训是小传统。随着现代化和城镇化的推进，人口流动急剧增加，各种思想的碰撞让大的家庭组织逐渐松散，家庭观念这个小传统也逐渐淡薄了。然而中华文化博大精深、源远流长，大、小家训传统作为其中代表，根植于华夏儿女的心中，其在今天不应被遗忘，而应在我们这一代人的传承中发扬光大，焕发出新的生机。

—第2课时　探究室—

（一）导入

1. 作者简介。

杨绛（1911—2016），本名杨季康，江苏无锡人，著名作家、学者钱锺书的夫人。她是我国著名作家、文学翻译家和外国文学研究家。主要作品有剧本《称心如意》《弄真成假》，散文集《干校六记》，长篇小说《洗澡》，短篇小说集《倒影集》，译著有《堂吉诃德》《小癞子》《吉尔·布拉斯》等。

杨绛是丈夫口中"最贤的妻，最才的女"，其小说和散文都表现出了对人性、自然和艺术的发现。她为人平和、善良、低调，做学问勤奋不懈，终生淡泊名利，面对战火、疾病、生离死别向来泰然视之。她经历了人生的起起落落，依然保持着平静、淡然、知足，成为无数人的精神楷模。

2.认识"我们仨"。

（1）文章中哪一段解释了"我们仨"这一概念，请你找出来，说一说。

但是，尽管这么说，我却觉得我这一生并不空虚；我活得很充实，也很有意思，因为有我们仨。也可说：我们三都没有虚度此生，因为是我们仨。

"我们仨"其实是最平凡不过的。谁家没有夫妻子女呢？至少有夫妻二人，添上子女，就成了我们三个或四个五个不等。只不过各家各个样儿罢了。

我们这个家，很朴素；我们三个人，很单纯。我们与世无求，与人无争，只求相聚在一起，相守在一起，各自做力所能及的事。碰到困难，锺书总和我一同承当，困难就不复困难；还有个阿瑗相伴相助，不论什么苦涩艰辛的事，都能变得甜润。我们稍有一点快乐，也会变得非常快乐。所以我们仨是不寻常的遇合。

（2）提前查阅资料，说说你所认识的"我们仨"。

（二）内容简介

1.人物介绍。

杨绛笔下的钱锺书和你查阅资料所认识的有何异同？

2.内容简介。

观察目录编排及小标题，再次体会梦境与现实的关联。

3.创作背景。

补充创作背景，理解杨绛从最初三人分写的设想，到一个人回忆"我们仨"的情感。

（三）课堂共读：《我们仨失散了》

1.说一说，梦境中发生了什么事情（对应现实）。

2.理解寓所、医院、古驿道分别代表了什么。

（四）探究任务（三选一）

1.列表找出《我们仨》第二部分和第三部分中梦境与现实的对照。

2.想象《我们仨》中三人在地下团圆的景象，他们会怎么谈论书中杨绛对他们的书写呢？

3.请结合材料，举出《我们仨》中的例子，谈谈杨绛的写作特点。

（1）动荡温情：杨绛作品于"文革"动荡年代营造出来的温情世界具有

重大意义，同时，人文关怀是古往今来一切优秀文学作品的总主题和"善"的终极价值体现，浸透了儒家性情的杨绛传承了中国人文传统中所特具的人文素质。

（2）儒家美学：杨绛的文学创作同时浸润着深厚的东西方文化，她的写作流露着超凡脱俗、温柔敦厚、含蓄内敛的情感表达。杨绛文学创作的情感张力源自其所形成的儒家性情，这也正是她隐身哲学的本质所在。

（3）底层人物：杨绛尤为关注城市底层百姓艰苦的生存状态，用悲悯的眼光去发掘市民阶层及底层人物在现实社会中的苦难困境，为我们展现了底层人们真实的日常生活。

—第3课时　探究室—

（一）作者及故事简介

1. 作者简介。

是枝裕和是备受瞩目的日本中生代导演，他的电影总是在温和的叙事腔调、舒缓的叙事节奏、平常的叙事内容中表现出发人深省的生活哲思，蕴深刻于平凡之中。是枝裕和有着独特的电影叙事姿态，相对于作为个体的人，他更倾向于探讨人与人之间的关系，尤其关注当代日本的家庭伦理。

从影片《无人知晓》开始，是枝裕和陆续在《步履不停》《奇迹》等电影中形成了家庭伦理的叙事范畴和叙事方式，关注人在家庭关系中的存在状态。

2. 故事简介。

《如父如子》中，普通上班族野野宫良多和妻子野野宫绿结婚多年，感情十分要好，两人共同养育着聪明乖巧的儿子野野宫庆多，生活中处处透露着幸福。令本以为平静生活将一直持续的三人没有想到的是，一通来自庆多出生的医院的电话将这个小家庭卷入了风波。

原来，庆多并非良多和绿的儿子，而是斋木雄大和尤加利的爱情结晶。是朝夕相处的感情珍贵，还是血脉相连的羁绊重要？面对多年前一个小小误会所酿成的后果，良多和绿不知该何去何从。而对于雄大、尤加利和亦非两人亲生的孩子斋木琉晴来说，他们亦站在了人生的十字路口上。

（二）共读片段：父亲形象

阅读片段中的父亲（野野宫良多、斋木雄大），你会更喜欢哪个父亲呢？

（三）共读片段：比较《如父如子》小说与电影的表现方法

1. 观看庆多参加面试的小说片段和电影片段，你更喜欢哪种表达方式？说出你的理由。

2. 是枝裕和说："除了细节别无他物。细枝末节累加起来即是生活。这正是戏剧性之所在——在于细节。"

3. 是枝裕和是写家庭生活的高手，习惯用"家庭"这一元素作为故事展开的空间和叙述对象，在《如父如子》中，因为一件"调包"事件而将多个家庭串联起来，展现了人间百态众生相。

4. 文中哪个细节让你印象深刻？相同细节在小说和电影中又是怎样各自呈现的？

（四）探究任务（二选一）

1. 观看电影《如父如子》，结合小说的一个章节分析电影和小说对呈现这一部分父子的内心有何不同，你更喜欢哪种方式？

2. 结合小说说一说，你认为对一个家庭而言，血缘和情感是否同等重要？为什么？

—第4、5课时　分享屋—

（一）激趣导入

上两节课，同学们阅读了《我们仨》《如父如子》这两本书，从中体会到了作家及导演对亲子情感及关系的感悟。在分享屋中，请同学们通过演绎舞台剧及导演采访会的方式，分享自己的思考。

（二）小小舞台剧：《我们仨》

1. 分组方式：四人为一小组。其中三人分演杨绛、钱锺书、钱瑗，一人负责以PPT形式演讲介绍。

2. 舞台宣讲人：以PPT形式展示舞台剧的剧本及设计目的，说明《我们仨》及其他背景资料中体现的三人性格。

3. 小小舞台剧：演绎《我们仨》中三人在地下团圆的景象，想象他们将如何谈论书中杨绛对他们的书写。

演绎锦囊：

（1）代入角色：想象杨绛、钱锺书、钱瑗在地下团圆时的心境。

（2）声台形表：通过发声、台词、形体、表演展现人物状态。

（三）导演采访会：《如父如子》

1. 分组方式：四人为一小组。其中一人扮演导演是枝裕和接受采访，三人扮演记者负责提问并展示其调研成果。

2. 记者采访：在媒体发布会中，每位记者均结合小说的一个章节分析电影和小说的不同之处，询问导演为何如此处理。

3. 导演回答：导演展示影视片段，从影视角度和小说角度各分析两者在表现父子情感上的差别。

分析锦囊：

（1）影视角度：声音、演员、画面。

（2）小说角度：语言、叙述角度。

—第6、7课时　实践园—

（一）最美家书，纸短情长

1. 导入。

家书文化在我国久远绵长、博大精深。家书往往承载着游子们对故乡的眷恋，承载着父母对孩子的殷殷期望，甚至承载着一个家的治家之道。铺一张白纸、修一方尺牍，是我国古人表露心绪的常用形式；展一方徽宣、写一帧信札，是我国传统士子寄寓乡愁的有效渠道。而当今社会，由于现代信息技术的广泛应用，人们只需轻点手机屏幕，便可诉说心曲、互道衷肠。这样一来，传统家书日渐式微。但是，昔日家书中那真挚的感情、熟悉的字迹、质朴的语言，是程式化的简单符号所无法代替的。

2. 聆听家书。

让我们一起观看节目《见字如面》中的家书朗读片段，用心聆听左权在战争中与妻子往来的家书，感受他爱国、顾家的伟岸形象，从质朴的文字中品味家书的魅力。

3. 创作家书。

家书的字里行间充盈着丰富的思想和感人肺腑的亲情。如果你也有一些想对家人说的话难以当面言说，不妨尝试提笔写一封家书赠予亲人。你可以抒发情感，也可以汇报近况，表达想法。

（1）阅读资料。

家书又叫家信，就是写给自己家庭成员的书信。在多数情况下，家书都是指离开家庭的人给自己家庭寄去的，用来汇报自己的行踪、状况及向家人问候的书信。家书往往用于抒发思念之情、通报个人信息、办理事务等。

（2）创作指导。

① 书信结构完整。一般由称谓、问候语、正文、结尾、署名、日期构成。

a. 称谓在首行顶格的位置写，后加冒号。为了表示尊敬、亲切，可在称谓前加上"尊敬的"或"亲爱的"等词。

b. 问候语在第二行开头空两格的位置。运用礼貌语言，使收信人感到亲切、受到尊敬。

c. 正文另起一行空两格写，一般一件事一段，注意要分层次叙述清楚，简洁清晰。语言要求准确通俗，明白易懂，不要作过多过深的修饰。

d. 结尾要根据收信人的身份写表示祝愿的话，以示礼貌。一般性的祝词"此致""敬礼"，格式是另起一行空两格写"此致"，"敬礼"下一行顶格写。

e. 署名和日期最后两行靠右写写信人的姓名，姓名正下方写日期。在姓名前可表明身份，如"儿××"等。

② 主题鲜明。可以围绕感恩、近况、个人进步、成长困惑等来写。

③ 语言亲切有味，设身处地为对方着想。例如，鲁迅因报载北平大风，想到寓居该城的母亲胃病初愈，身体尚弱，深以为念，希望老人家加意静养。信中用墨不多，然而孝敬之心溢于言表。

④ 字迹清楚，不能潦草，以免造成误会和麻烦。

4. 传递家书。

写好后装进信封，寄送给收信人。你可以听听收信人的反馈，或者邀请他给你写一封回信，让最美的情感流淌在书信往来之间。

推荐阅读书目：《家书里的故事》《傅雷家书》。

（二）三行诗，书真情

悠悠我心，眷恋于家。除了家书，古诗中也常常寄托着人们对家乡、对故园的真挚情感和深切感受。

1.古诗寻"家"。

（1）想一想，你学过哪些关于"家"的诗歌呢？根据提示来说一说吧。（横线处由学生答）

烽火连三月，<u>家书抵万金</u>。（杜甫《春望》）

风一更，雪一更，<u>聒碎乡心梦不成，故园无此声</u>。（纳兰性德《长相思》）

今夜月明人尽望，<u>不知秋思落谁家</u>？（王建《十五夜望月》）

<u>浊酒一杯家万里</u>，燕然未勒归无计。（范仲淹《渔家傲》）

<u>少小离家老大回</u>，乡音无改鬓毛衰。（贺知章《回乡偶书》）

君自故乡来，<u>应知故乡事</u>。（王维《杂诗》）

（2）提起家，人们的乡愁便油然而生。在这些思乡的诗句中，有哪些常见的意象，让人们一看到它便牵引出对故园和亲人的无限思念呢？

2.诗书情意。

历史变迁，岁月更迭，家园有了翻天覆地的变化，但不变的是人们的乡土情结和家国情怀。让我们带着对"家"的理解，从以上意象中选几个，或自选词语作为关键词，创作一段三行诗，表达自己对家的真实感受。

（1）什么是三行诗？

三行诗是一种微型诗，也叫微诗。微型诗是一种有着比较严格限制的独立诗体，我们通常把微型诗定义为三行内、一般不超过30字的诗。

示例一：一双筷子

一句回家吃饭

一种中国式思念

示例二：记忆中需要穿过群山

在山坳上散落一地星光

火车在深夜停泊的一分钟，是家乡

示例三：家是杜甫笔底天下寒士俱欢颜的茅屋

　　　　　是慈母手中永远缝不完的游子衣

　　　　　是伴随你一生行走的永恒驿站

（2）尝试创作。

①学生自由创作。

②在小组内分享并朗读自己创作的三行诗，根据同学和老师的建议修改完善。

③制作个性化的主题书签，用自己最美的字誊写三行诗并装饰书签。

简易书签制作流程：

a. 裁一张大小合适的卡纸。

b. 四角修圆，在中央挖出一个U形槽，实现书签的功能。

c. 誊写三行诗，然后在空白处进行装饰绘图，可以印线稿或直接手绘上色。

（3）在班级举办一次"三行诗书签"朗读展示会，读出诗的韵味，体会家的内涵。

—第8课时　加油站—

（一）谈话激趣

进入散文世界，你能在这里感受内心的宁静，寻觅人生的真谛。散文除了有精神的见解、优美的意境外，还有清新隽永的文笔。经常读一些好的散文，不仅可以丰富知识、开阔眼界，培养高尚的思想情操，还可以从中学习选材立意、谋篇布局和遣词造句的技巧，提高自己的语言表达能力和审美鉴赏能力。

（二）方法指引

1. 散文的写作特点。

（1）形散神聚。

"形散"既指题材广泛、写法多样，又指结构自由、不拘一格：可以叙述事件的发展，可以描写人物形象，可以托物抒情，可以发表议论，而且作者可以根据内容需要自由调整、随意变化。

"神聚"既指中心集中，又指有贯穿全文的线索。散文写人写事都只是表面现象，从根本上说写的是情感体验。情感体验就是"不散的神"，而人与事则是"散"的，是可有可无、可多可少的"形"。

（2）意境深邃。注重表现作者的生活感受，抒情性强，情感真挚。作者借助想象与联想，由此及彼，由浅入深，可以融情于景、寄情于事、寓情于物、托物言志，表达真情实感，实现物我统一，展现出深远的思想，使读者领会深刻的道理。

（3）语言优美凝练。散文的语言既清新明丽，富于音乐感，又简洁质朴，自然流畅，寥寥数语就可以描绘出生动的形象，勾勒出动人的场景，显示出深远的意境。

2. 散文的阅读要点。

（1）识得"文眼"，厘清文章脉络。

凡是构思精巧、富有意境的诗文，往往都有"眼"的设置，用以揭示全篇旨趣，起到画龙点睛的妙用。"文眼"可以是一个字、一句话、一个细节、一缕情丝，乃至一景一物，但并非每篇散文都有必要设置"文眼"。

除了抓住文眼，还要抓住线索，厘清文章脉络，准确把握文章的立意。

（2）了解背景，透视创作历程。

作品是社会的折射，内容是背景的产物。有不少散文的创作在很大程度上受环境的影响。因此，了解文章的相关背景是阅读、鉴赏散文的一把钥匙。

（3）借助想象，体察作者情感。

阅读散文必须发挥联想和想象，结合个人生活体验和作者情感发生强烈共鸣。

（4）辨识手法，找准突破口。

托物言志、情景交融、以小见大是散文常用的表现手法。作者常常对所写的事物作细致的描绘和精心的刻画，即所谓的"形得而神自来焉"。我们读文章要抓住"形"的特点，由"形"见"神"，深入体会文章内容。

（5）明确技巧，把握美文实质。

掌握一些常见的修辞手法和表达技巧有利于鉴赏散文，把握美文实质。常见的修辞手法和表达技巧有：比喻、反衬、对比、象征、铺垫等。

（6）细心品味，感受语言魅力。

好的散文语言凝练优美，自由灵活，接近于日常的口语。优美的散文，更是富于哲理、诗情、画意。

（三）阅读挑战

阅读莫怀戚的散文《家园落日》，运用你所学过的批注方法进行散文鉴赏，并说说这篇散文的"神"是什么。

（四）交流拓展

1. 阅读后和同学交流，分享独特的阅读视角和有效的阅读方法，提升散文鉴赏能力。

2. 推荐阅读散文集：杨绛《我们仨》，史铁生《秋天的怀念》，汪曾祺《家人闲坐，灯火可亲》。

附：阅读评价表

评价维度	合格	良好	优秀	自评	同伴评	师评
朗读亭	能读准字音，读通句子，正确流利地朗读关于"家"的诗歌	能有感情地朗读关于"家"的诗歌，大致理解基本含义	能背诵出2首关于"家"的诗歌，并能说说自己对家及家人的理解			
探究室	能围绕探究任务，分工明确，采用1~2种探究方法进行探究	能围绕探究任务，分工明确，运用2种探究方法，主动沟通，发表看法	能紧扣探究任务，分工合理，运用至少3种探究方法解决探究问题；			

续 表

评价维度	合格	良好	优秀	自评	同伴评	师评
探究室			探究过程中主动沟通、倾听、交流，团结互助，合作探究			
分享屋	分工明确，能借助多种渠道搜集资料，并形成一定的探究成果，表达比较流畅	分工合理，主动沟通；能借助思维导图、表格、PPT等形成探究成果，内容较丰富；表达流畅，语意清晰	分工合理，主动沟通，能积极解决所遇到的困难；探究成果内容丰富，形式新颖；表达自信大方，语意清晰，富有逻辑			
实践园	积极参与活动。汇报时能表达自己的观点；写作时条理清楚	汇报时能表达自己的观点，语速适中；写作时条理清楚，语气得当	汇报时能围绕主题搜集、整理材料，清晰地表达自己的观点，语速适中，表达流畅；写作时条理清楚，重点突出			
加油站	能够积极参与阅读，学习阅读方法	能根据提示完成任务，运用适当方法对文章进行概括	概括简洁、全面；主动交流阅读方法，并进行拓展阅读			

"国"主题阅读案例（一）

【课例名片】

年　级：五年级

设计者：陈冬雪　深圳市宝安区凤岗小学

　　　　黄楷旋　深圳市宝安区固戍小学

【教学内容】

1. 朗读《少年中国说》。

2. 阅读《这就是我们的历史》《你一定爱读的极简中国史》《新时代中国青年的榜样》《中国航天员：太空追梦人》《一粒种子改变世界》《红色少年的故事》《青春之歌》《闪闪的红星》。

【教学目标】

1. 了解《少年中国说》的创作背景，有感情地朗读《少年中国说》节选，激发爱国之情和报国之志。

2. 保持好奇心，拓宽视野，与小组成员积极展开合作，对中国历史、文物、伟人等进行探究，激发合作探究的兴趣。

3. 通过参观文天祥廉政教育馆，加深对文天祥的理解，学习文天祥身上的爱国品质。

【教学过程】

—第1课时　加油站—

（一）歌曲导入

1. 播放音频《少年中国说》。

2. 请学生谈听后的感受。

3. PPT出示《少年中国说》节选。

（二）初读课文

1. 自由朗读，读准字音，读通句子。

2. 听读课文，自正字音。

3. 点名读，纠正字音。

4. 齐读，读通课文。

要求："须要读得字字响亮，不可误一字，不可少一字。不可多一字，不可倒一字，不可牵强暗记。"（朱熹语）

（三）朗读课文

1. 讲解《少年中国说》的创作背景，激发学生的爱国情怀，使学生感同身受地去诵读课文。

《少年中国说》写于1900年，正在戊戌变法后，作者梁启超流亡日本之时。当时八国联军（英国、美国、德国、法国、俄国、日本、意大利、奥地利八国组成的侵华联军）攻陷北京城，并在北京疯狂烧杀掠夺。为了驳斥帝国主义的野蛮行径和卑劣阴谋，纠正国内一些人自暴自弃、甘为亡国奴的心理，激起全国人民的爱国热情，梁启超先生适时写出这篇文章。

所以他当时的心情是怎样的？（示例：恨铁不成钢、愤慨、激动的）

2. 播放《八国联军侵华战争》片段，入情入境，配乐朗诵。

思考：如若当时你就在现场，看着国家四分五裂，而国人却意志消沉甚至卖国求荣，你会怎样？

3. 师生合作读——起立表演读最后一段。

（四）拓展提升

1. 分享人物资料。

（提示：作者笔名是"少年中国之少年"。一生家国梦，几代赤子心。）

2. 拓展朗读《甲辰（2024）年清明公祭轩辕黄帝文（节选）》。

点名读——师正音——齐读。

鸿蒙初辟，斯年北京，亘古神州沧桑变幻；新华雄立，阅岁七五，崭新时代蔚为大观。应变局，育新机，国力亿逾百万；继绝学，护瑰宝，文明历久弥鲜。筑天宫，航巨舰，重器穿云探海；扶幼老，济孤弱，欢笑情满人间。大运亚运，迎娶嘉友，八方健儿竞技华夏；一带一路，利惠遐域，战略伙伴峰会长安。港澳背依厚土，一国两制和衷共济；宝岛心系根祖，两岸一统历史必然。江南细雨，大漠孤烟，清澈之爱，只为中华锦绣；三沙浩渺，雪域风寒，出鞘之剑，护佑无恙江山。核心坚贞卓伟，纵无我，亦不负黎庶；赤子承训尊命，启阔步，向如铁雄关。进愈难，行愈险，虽千万人不阻吾往；道不变，志不改，破九重围必达之巅！

3. 推荐诵读《可爱的中国》。

梁启超一生命途坎坷，但他对祖国的热爱永远不变。在中国，还有无数的前辈留下了爱国文字，如方志敏的散文集《可爱的中国》。作为当代青少年，相信在你们的拼搏奋进下，祖国的未来必定更加绚丽多彩。

—第2课时 探究室—

（一）谈话导入

"此生无悔入华夏，来世还做中国人"，作为华夏儿女，我们倍感自豪。中华上下五千年，古埃及、古巴比伦、古印度三大文明早已湮灭在历史的尘埃中，唯有中华文明绵延至今，欣欣向荣。对我们的祖国，你有哪些想要探究的问题？选择感兴趣的问题，和小组成员一起进行探究吧！

（二）探究引导

1. 确定要探究的问题，阅读探究。

（1）兵马俑：说起千古一帝秦始皇，长城与兵马俑都是绕不开的话题。秦始皇陵兵马俑被誉为"世界第八大奇迹"，是我国古代辉煌文明的一张金字名片。俑是怎样产生、发展的？秦始皇为什么要下令烧制如此规模的兵马俑？秦始皇兵马俑又是怎样做到千人千面的？

丝绸之路，大运河：古老的丝绸之路，像一条彩带，将古代亚欧非的经济、文化连接在一起。千年之后，它凭借"一带一路"倡议重新焕发生机。丝绸之路是如何形成的，为何能横跨千年而不朽？同为世界遗产的大运河，对连接中国南北经济文化起到了重要作用。它是如何修建的，又有着怎样的发展历程？

推荐书籍：《这就是我们的历史》。

推荐视频：《国家宝藏》第三季、《河西走廊》。

（2）中国上下五千年历史，一共有过多少次王朝更迭？

推荐书籍：《你一定爱读的极简中国史》。

推荐视频：《中国通史》《中国十大王朝》。

2.组建探究小组，选择感兴趣的内容阅读探究。

（三）资料搜集

1.小组讨论，确定分工。

2.利用课上和课后的时间，通过各种方式搜集资料。

—第3、4课时　探究室—

（一）谈话导入

上节课我们翻开了历史的扉页，走进了中国古代史，这节课我们继续跟随历史的车轮，走进中国的近现代史。

在近现代，我们国家从鸦片战争、八国联军侵华战争、抗日战争，到20世纪70年代末的改革开放，再到现在全面建成社会主义现代化强国，这一路离不开无数爱国者的耕耘，可以说，没有他们，就没有今天的中国。

（二）阅读探究

1.你想要探究哪些问题？最想知道什么？

推荐阅读：《新时代中国青年的榜样》《中国航天员：太空追梦人》《一粒种子改变世界》。

2.下面给出一些探究方向，你们也可以根据自己要探究的问题进行小组合作阅读探究。

（1）美国为什么不让钱学森回国？他经历了怎样的曲折才回来的？他回国后为我国航天事业作出了怎样的贡献？

推荐阅读：《新时代中国青年的榜样》。

视频推荐：《中国航天之父钱学森》。

（2）中国航天经历了怎样的发展，对我国有哪些战略意义？

阅读推荐：《中国航天员：太空追梦人》。

视频推荐：《创新中国》第五集、《军旅人生·太空筑梦》、《飞向月球》。

（3）袁隆平的杂交水稻是如何改变中国和世界的，它对我国的战略意义与航天有何关联或不同？

阅读推荐：《一粒种子改变世界》。

视频推荐：CCTV-4国家记忆《"杂交水稻之父"袁隆平》。

（4）中国共产党取得胜利的主要原因有哪些？

阅读推荐：《祖国屏障》《写给青少年的党史》。

（三）资料搜集

1.小组讨论，确定主题和分工。

2.利用课上和课后的时间，通过各种方式搜集、整理资料。

—第5、6课时　分享屋—

（一）导入

"以铜为镜可以正衣冠，以史为镜可以知兴替，以人为镜可以明得失。"前两节课，我们探寻了中国历史的脉络，了解了先辈们为国家作出的丰功伟绩，这不禁引发我们的思考：作为中国少年，我们身上肩负了复兴民族的使命，那从现在开始，我们应做些什么呢？未来我们又会成为怎样的人？这节课我们就来一起探究。

（二）合作探究

以下是可探究方向，也可以根据自己想要探究的问题小组合作进行阅读探究。

（1）有哪些中国少年曾在中国的历史上留下辉煌的篇章？他们是如何做的？给我们带来怎样的启示？

阅读推荐：《红色少年的故事》《闪闪的红星》。

（2）"理想是石，敲出星星之火；理想是火，点燃熄灭的灯；理想是灯，照亮前行的路；理想是路，引你走向黎明。"饥寒的年代里，理想是温饱；温饱的年代里，理想是文明。身为中国新时代的青少年，我们又该怀抱怎样的理想？未来如何为中国蓝图添色？

阅读推荐：《青春之歌》。

视频推荐：《无穷之路》《小小少年》《我们的征途》。

（3）中国各级行政单位是如何划分的？每个地方都有什么样的自然地貌，对当地的经济和人口分布有什么影响？

阅读推荐：《刘兴诗爷爷给孩子讲中国地理》。

视频推荐：《跟着书本去旅行》。

（三）资料收集、整理，形成探究报告

略。

—第6、7课时　实践园—

"知者行之始，行者知之成"，我们既要读万卷书，也要行万里路。让我们一起走进生活，走进社会，在实践中去体验、去感受、去领悟祖国人民的爱国主义精神吧！

（一）参观体验爱国教育基地

1.利用课后时间，参观文天祥廉政教育馆。

宝安是深圳的人文大区，沉淀了极富本土特色的传统文化。700多年前，文天祥在现宝安东面的伶仃洋留下脍炙人口的悲壮诗篇《过零丁洋》。文氏族人扎根宝安、开村立业，传承文天祥的高贵品格和良好家风，这是宝安本土文化中宝贵的精神财富。请各小组参观文天祥廉政教育馆，了解文天祥的生平事迹。

（1）学习《过零丁洋》。

（2）理解创作背景。

（3）实地参观文天祥廉政教育馆，了解他的精神。

2.指导学生通过手抄报或者视频讲解的方式，传递文天祥的爱国主义精神。

"辛苦遭逢起一经，干戈寥落四周星。山河破碎风飘絮，身世浮沉雨打萍。惶恐滩头说惶恐，零丁洋里叹零丁。人生自古谁无死？留取丹心照汗青。"文天祥在广东海丰北五坡岭兵败被俘，次年被押到船上过零丁洋时作此诗，他的爱国主义精神至今影响着无数人。

3.分享参观收获。

（1）学生通过手抄报或者视频记录自己参观后的感受和认识。

（2）学生上台分享自己的收获。

4.指导学生搜集有关爱国主义的诗作，工整抄写贴于教室宣传栏。

"人生自古谁无死？留取丹心照汗青。"这是文天祥以身报国的爱国主义精神的流露。"在心为志，发言为诗。"古往今来，有许多的诗篇记录了作者深深的爱国热情，你还知道哪些呢？请同学们搜集相关的爱国主义诗作，通过抄写的方式分享给大家。

（二）寻找当代爱国主义精神，设计爱国人物颁奖词

1.走近当代爱国人物。

《少年中国说》写于1900年，那是100多年前，梁启超对中国少年的寄语。如今的中国正一步步走向富强，一步步实现我们的民族梦。在这百年中，中国青年是如何一代又一代接续奋斗、凯歌前行，用青春之我创造青春之中国、青春之民族的？让我们一起来看一段视频。

（1）观看视频《CCTV感动中国 2019》年度人物——黄文秀。

（2）讨论：你如何看待黄文秀选择回农村建设乡村的行为？

（3）再次朗读《少年中国说》和视频颁奖词。

有些人从山里走了，就不再回来，你从城里回来，却再没有离开。来的时候惴惴，怕自己不够勇敢，走的时候匆匆，留下最美的韶华。百色的大山，你是最美的朝霞，脱贫的战场，你是醒目的黄花。

2.再识爱国人物。

一代人有一代人的长征，一代人有一代人的担当。建成社会主义现代化强国，实现中华民族伟大复兴是一场接力跑。如今，接力棒已经传递到我们的手上，爱国主义精神激励着我们奋勇向前。请你查找1949年至今的资料，哪些人物事迹体现出了伟大的爱国主义精神？

（1）通过阅读《新时代中国青年的榜样》等作品选择人物。

（2）阅读《袁隆平的世界》，绘本《一粒种子改变世界》，观看《袁隆平》纪录片，了解袁隆平生平。

他是一位真正的耕耘者。当他还是一个乡村教师的时候，已经具有颠覆世界权威的胆识。当他名满天下的时候，却仍然只是专注于田畴，淡泊名利。一介农夫，播撒智慧，收获富足。（《CCTV感动中国 2004》）

3.为你喜欢的爱国人物设计颁奖词。

（1）出示两篇颁奖词，师生交流，发现颁奖词的特点。

① 点明人物的事迹。从大处着眼，抓住人物最主要的令人钦敬的事迹，简要概述，如同画写意画，力求用最简洁的笔墨勾勒出丰满的笔下人物。因此，颁奖词不要求详尽地交代人物事迹的来龙去脉或是细枝末节。人物事迹点到为止。

② 彰显人物的精神。对人物精神的赞美是颁奖词写作的重点，也是难点。通过人物的事迹引出对人物精神的评价。因此，在颁奖词中要体现出人物的闪光心灵、人格魅力，或是坚强的意志、崇高的思想品质等，最好能体现一定的哲理。

③ 综合表达，事、理、情有机融合。颁奖词在表达方式上需要将叙述、议论、抒情这三种表达方式综合运用。将人物事迹、精神以及对人物的赞美之情有机融合在一起。

④ 言简意赅，自然流畅。颁奖词一般很简短，这就要求语言高度浓缩，言简意赅。这样的语言往往字字珠玑、意蕴丰富，具有生动、形象的特点，并且自然流畅，音韵铿锵悦耳，富有音乐美。

（2）写写你心中的爱国人物颁奖词。

—第8课时 加油站—

（一）学习阅读方法

1.学习方法：学习了解提高阅读速度的方法。

教育家苏霍姆林斯基说："让学生变聪明的办法，不是补课，不是增加作业量，而是阅读，阅读，再阅读。"阅读是获取智慧的重要途径，但只有掌握科学的方法和熟练的技巧，才能提高阅读的速度。让我们一起学习提高阅读速度的方法吧！

（1）出示快速阅读方法。

①注意力要高度集中。

②克服出声朗读、逐字阅读和回归倒读的习惯，采用无声视读法。

③运用概念阅读法组读。

④运用垂直阅读法作纵向扫描。

⑤采取跳读技巧，根据文献结构，抓住概要，掌握中心和重点。

（2）点名朗读。

2.尝试挑战：阅读文章，记录时间，完成挑战。

现在尝试运用学习的方法，用较快的速度默读下文，记下所用的时间。你用了多长时间？了解了哪些内容？和大家一起交流你的阅读体会吧！

（1）出示《小兵张嘎》节选。

（2）学生快速默读并记录时间。

（3）点名分享了解到的内容。

（4）交流阅读体会。

（二）记录阅读速度日记

1.学习如何记录阅读日记。

提高阅读速度不是一味求快，若没有同步的理解，再快的阅读速度都没有意义。阅读速度的提高不是一蹴而就的，更不是有了方法、策略就能运用自如的，而是需要在大量的阅读实践中不断练习。大家可以通过记录阅读日记了解自己的阅读速度，不断进行训练和提高。

2.利用阅读日记卡学习分析自己的阅读特点。

阅读日记不仅可以提醒我们坚持阅读，还可以帮我们发现自己的阅读特点。通过阅读日记，大家可以看一看自己在哪里的阅读速度比较快，是什么原因，或者可以做些什么提高自己的阅读速度。

（三）拓展阅读

推荐阅读：《一百个中国孩子的梦》。

"国"主题阅读案例（二）

【课例名片】

年　级：六年级

设计者：李　倩　深圳市宝安区凤岗小学

　　　　禹　娟　深圳市宝安区钟屋小学

【教学内容】

1. 诗词：《诗经·王风·黍离》《乌衣巷》《扬州慢》。

2. 小说：《城南旧事》《少年中国说》《我在西南联大的日子》。

3. 央视节目《国家宝藏》系列，并阅读同名书籍《国家宝藏》。

【教学目标】

1. 朗读并背诵《诗经·王风·黍离》，初步了解并体会"黍离之悲"，理解中国历史上朝代更替带来的亡国之恨。

2. 阅读《城南旧事》《少年中国说》《我在西南联大的日子》，学习整本书阅读的整体方法，锻炼逻辑思维能力和语言表达能力，正确看待"英雄"，激发对中华英雄的敬仰之情，增强作为新时代少年的责任感和使命感。

3. 通过观看央视节目《国家宝藏》，扮演小小讲解员，加深对国家文化及其精神内涵的理解，增强对中华民族优秀文化的认同感和自豪感。

【教学过程】

—第1课时　朗读亭—

（一）谈话导入："黍离之悲"

提问："黍"是一种农作物（出示"黍"字的甲骨文字形），"离"形容其长得茂盛（出示"离离原上草"，提示"离"的多重表意：离别之悲与茂盛）。有没有同学能猜一猜"黍离之悲"形容的是什么？

黍离之悲：古解为东周大夫行役至西周旧都，见宗庙宫室荒废，内心悲切。亦可解为自己的内心之忧不能为他人所懂得。

（二）吟咏诵读（正音、吟诵、背诵）

1.初读正音。

2.吟诵播放。

3.尝试背诵，感受情感。

彼黍离离，彼稷之苗。

行迈靡靡，中心摇摇。

知我者，谓我心忧；

不知我者，谓我何求。

悠悠苍天，此何人哉？

彼黍（shǔ）离离，彼稷（jì）之穗。

行迈靡靡，中心如醉。

知我者，谓我心忧；

不知我者，谓我何求。

悠悠苍天，此何人哉？

彼黍离离，彼稷之实。

行迈靡靡，中心如噎（yē）。

知我者，谓我心忧；

不知我者，谓我何求。

悠悠苍天，此何人哉。

[释义]

黍、稷：两种农作物。黍，黄米。稷，高粱。

离离：黍之形貌，或行列貌。

靡靡：行步迟缓貌。

摇摇：形容心神不安。

此何人哉：致乱世者为谁。或解为"我为谁"。

噎：忧深气逆不能呼吸。

（三）关联理解

中华历史源远流长，其中朝代更替频繁。因此自周朝开始的"黍离之悲"在各朝代的诗篇中都有所反应。古人如果想表达某些诗篇写出了亡国之痛，也用"黍离之悲"来赞美这些诗篇。

1. 让我们一起读一读《乌衣巷》《扬州慢》。

2. 分组诵读。

3. 在理解的基础之上表演阅读。

—第2课时　探究室—

（一）导读《城南旧事》

1. 林海音简介。

林海音（1918—2001），台湾著名女作家。原名林含英，小名英子。1918年出生于日本大阪，1923年随父母迁居北京，并在北京城南定居下来，1948年离开北京回到故乡台湾。

在《城南旧事》中，林海音以她超逸的文字风格，饶具魔力的文笔，通过主角小英子童稚的双眼，观看大人世界中的喜怒哀乐、悲欢离合，用一种说不出来的天真自然，道尽人世复杂的情感。林海音更将英子眼中的北京南城风光融入字里行间，在展现真实热闹的市民生活之余为读者架设出一个明晰的时空背景。全书在淡淡的忧伤中散发出浓浓的诗意。

2. 展示《城南旧事》的获奖记录，激发学生期待。

（1）被《亚洲周刊》评选为"20世纪中文小说一百强"。

（2）被译为英、德、日、法、意大利、西班牙等多国语言。

（3）获瑞士颁赠青少年文学的最高荣誉"蓝眼镜蛇奖"。

（4）新加坡政府举办全民阅读活动，获选为三本中文必读书之一。

3. 评论家材料。

林海音不仅刻意描绘出动人的风景风俗画，还常常把时代的光彩注入民情民俗中，呈现出这些地方特定的历史年代的真实面貌。例如，《城南旧事》中群众观看革命学生和盗贼"出红差"场面的描写，既突出北伐失败后反动派对革命青年的残酷镇压，也显现了社会的混乱。

林海音小说中所写的每一件事、每一处情节甚至细节，都是富有地方特色的，但又无不打上民族的、时代的和社会的印记。（张默芸：《林海音》，《20世纪中国著名女作家传》，中国文联出版公司1995年版）

（二）整本书阅读方法

1. 封面、目录。

观察封面、目录，你有什么感受？

2. 版本选择。

（1）插图版：当今中国极具代表性的水彩画家关维兴先生为《城南旧事》绘制了插图，他以优雅诗意的风格和穿透人心的独到技巧，在画中全然融入故事的情节。画中举凡服饰、器物和建筑，考据翔实，无丝毫随便或暧昧。人物细致的表情、光线和空气的韵动、圆熟丰美的调子，使文图呈现无懈可击的呼应。

（2）绘本版《城南旧事》20世纪90年代甫一出版，即获选：1993年、1994年"波隆那国际儿童书插画展"，1993年"布拉迪斯拉发国际插画双年展"，1994年"加泰罗尼亚国际插画双年展"。这也成为最美的一版《城南旧事》。这次共读所推荐的是新星出版社的版本，收入了关维兴先生的插图。

3. 附录。

附录不是正文（小说），但既然录在书上，同样不是可有可无的。附录对阅读正文会有不少帮助。比如，《〈城南旧事〉名物考》，旧日京华的那些个味道和气息，全在这"名物考"里了。在阅读小说篇章时不妨随时翻翻附录。

（三）课堂共读前言及后记

1. 共读前言。

2. 共读后记。有些版本的《城南旧事》并没有选录《童年（后记）》。

3. 读了后记，你觉得它重要吗？

（四）探究任务（三选一）

1. 完成《城南旧事》读书记录表。

《城南旧事》读书记录表			
主要人物	给我的印象	人物的命运和归宿	需要阅读的章节
英子			
妞儿			
秀贞			
"小偷"			
宋妈			
兰姨娘			
爸爸			
问题探究			
秀贞是疯子吗？			
"小偷"是好人还是坏人？			
宋妈爱自己的孩子吗？			
读完书你有什么感悟？			

2. 想象《城南旧事》中的离别情境。

《城南旧事》中分别写了英子与"疯女"秀贞、小伙伴妞儿、小偷、乳母宋妈的告别和与爸爸阴阳相隔的故事。如果你是作家，你将怎样安排他们各自不同的分别情景？请阅读全书，展开联想，用一段描述性的语言勾勒分别的场景。

3. 请结合材料，举出《城南旧事》中的例子，谈谈林海音作品的京味特点。

她的作品颇得京派真传，富于对人生光明面的礼赞的精神，至于形容京派作品风格特质的词汇，如朴实简约、含蓄隽永、宽厚平和、诗意情韵等，全可用以形容林海音作品。……林海音不仅是京派作家，也富于京味。……林海音爽脆的京腔、热诚直率的直性子，本身就是京味的具体化身，有关京味的一切，包括日常生活乃至于文学艺术都令她津津乐道。（庄宜文：《林海音与张爱玲对照记》，《霜后的灿烂：林海音及其同辈女作家学术研讨会论文集》）

—第3、4、5课时　分享屋—

（一）导入：《少年中国说》节选

20世纪早期，在多灾多难的中国，有一批指点江山、挥斥方遒的青年志士。他们有的在校期间积极投身革命，扛起了救民于水火的重任；有的在战时校园的警报声中为求真理，为造福众人而刻苦求学，穷且益坚，不坠青云之志。

今天，老师就带同学们走近这群青春洋溢的革命领袖与知识分子的少年时代。

（二）《我在西南联大的日子》

1. 导读：国立西南联合大学，由国立北京大学、国立清华大学、私立南开大学组成，简称西南联大。汪曾祺对它的评价是："这是一座战时的、临时性的大学，但却是一个产生天才，影响深远，可以彪炳于世界大学之林，与牛津、剑桥、哈佛、耶鲁平列而无愧色的，窳陋而辉煌的，奇迹一样的，'空前绝后'的大学。"

2. 战时之学校：共读篇目《跑警报》。

3. 推荐纪录片《西南联大》。

（三）分享交流

不论是在遥远的中国古代，还是战火纷飞的抗战岁月，抑或在新时代的今天，中华英雄，层出不穷，爱国儿女，群星璀璨。结合自己的阅读经验，说一说：你认为什么是真正的"英雄"？中国历史上有哪些人物堪称英雄？从他们的事迹中，你读出了中国人怎样的特点？

1. 小组讨论：围绕阅读过的书目及历史上的英雄人物，探讨究竟是时势造英雄还是英雄造时势。

2. 交流要求：观点明确，举出恰当例子。

—第6、7课时 实践园—

（一）辩论"时势"与"英雄"

"滚滚长江东逝水，浪花淘尽英雄。"从中国的历史长河中回望，无数英雄立于时代的风口浪尖之上，他们谱写着壮丽的诗篇，捧着人类希望与精神的火种延续着华夏文明的曙光。有人说，是"时势造英雄"，英雄的出现是由他所处的社会客观环境造成的；也有人认为"英雄造时势"，事在人为，时势由英雄所造。你赞同哪一种说法？请你联系自己的生活和阅读经验，谈谈自己的理解，在班级内开展一次辩论会。

1. 辩论主题：你认为是"时势造英雄"，还是"英雄造时势"？

正方观点：时势造英雄。

反方观点：英雄造时势。

2. 组建辩论队：正反方各由四位同学分别担任一辩、二辩、三辩、四辩；每一方各2～3名自由辩手。

3. 了解辩论流程，进行辩手分工。

（1）一辩提出观点。

（2）二辩、三辩对对方一辩的观点提出疑问，进行盘问攻辩。

（3）四辩总结陈词。

（4）自由辩手自由辩论。

此外，选出一名学生担任计时员。由教师担任主持人并按照规则主持辩论，适当小结。

4. 想取得辩论胜利吗？那就按照下列要求搜集资料吧！

（1）加强和己方团队的合作，开阔思路。

（2）围绕辩题搜集事例、名人名言，对材料进行梳理和归纳。

（3）资料既要能证明己方的观点，也要能有力反驳对方的观点。

（4）把要点写在便于查阅的小卡片上，在小卡片上留些空白，辩论时随手记下对方讲话中的矛盾和漏洞，以便反驳使用。

5. 正式对决，开展班级辩论赛。其他学生担任观众兼评委，边听边思考以下问题：

（1）辩论双方说的对不对？如果有不对的话，想想是不是在某些特定立场上适用。

（2）如果有一方出现了错误，你帮他们想一想，为什么会出现这种错误？有没有改正的方法？应该怎样说才对？

（3）注意辩手的规范用语、礼貌用语。

6. 学生参考评价表，最后投票评选出胜利方与"最佳辩手"。

（二）寻找"国家宝藏"

有人说，博物馆是一个国家的文化名片。走进它，我们可以从一件件馆藏文物中，以跨越古今的时空尺度，体会国家宝藏的深远魅力，感受民族文化基因的传承与复活。让我们一起去探寻中国"国家宝藏"，发现国宝的秘密。

1. 初识文物。

请你观看中央电视台《国家宝藏》系列节目，也可以阅读同名书籍《国家宝藏》。遇到感兴趣的内容，你还可以搜集相关资料，深入了解国宝的文化与精神内涵。

《国家宝藏》第一季由央视与故宫博物院、上海博物馆、南京博物院、湖南省博物馆、河南博物院、陕西历史博物馆、湖北省博物馆、浙江省博物馆、辽宁省博物馆九家国家级重点博物馆合作，在文博领域进行深入挖掘。每集一家博物馆，每个博物馆推荐三件镇馆之宝，交予民众甄选。每件宝藏都拥有自己的"国宝守护人"，他们讲述"大国重器"们的前世今生，解读中华文化的基因密码，拉近了当代人与历史文物的距离。

2. 解说文物。

看完之后，你最感兴趣的是哪件藏品呢？它有着怎样的"前世今生"，它为什么会被誉为"国家宝藏"呢？请你化身博物馆的小小讲解员，选取一件藏品来进行讲解。先在小组内试讲，再由每组推选一名讲解员在全班进行展示。

讲解前的准备：

（1）确定讲解内容。

（2）收集相关资料。

（3）列出提纲。

（4）小组内试讲。

讲解内容可以包括：

（1）展品的基本信息，如年代、外观、用途等。

（2）展品背后的历史故事。

（3）展品的文化意义或精神内涵。

讲解时注意：

（1）仪容整洁，注重基本礼仪。

（2）普通话清晰流利，熟悉讲解内容。

（3）讲解有条理性，按照一定的顺序进行讲解。

（4）讲解时突出重点，关系不大的内容可以舍弃。

3. 设计评价表，小组内互评，选出"优秀讲解员"，再在班级里评选出"金牌讲解员"。

—第8课时　加油站—

（一）谈话导入

叶圣陶先生曾说："阅读程度不够的原因，阅读太少是一个，阅读不得法尤其是重要的一个。多读固然重要，但尤其重要的是怎样读。"批注式阅读可以实现我们与文本的对话、与作者的对话、与自我的对话，帮助我们提升阅读能力和理解能力。让我们一起来学习批注式阅读法吧！

（二）方法指引：如何进行批注式阅读？

1. 基础性批注：批注生字词、好词好句、中心思想。

2. 感受式批注：记下读文章时的感受，可以是困惑迷茫或收集相关资料得来的收获。

3. 点评式批注：从文章内容或语言等各个角度写出自己或褒或贬的评价。

4. 联想式批注：由文章而联想到的文外知识，如一首诗、一个人、一件事。

5. 赏析式批注：从写作手法、精妙的词语等切入，写下赏析性文字。

6. 疑问式批注：写下自己在阅读时的疑问。

7. 补充式批注：对文中有遗漏或没有点明的地方进行补充。

8. 仿写式批注：在一些好句旁边仿写一句。

（三）任务挑战

尝试运用合适的批注方法，借助各种批注符号，批注阅读以下选文。

枣 核

萧 乾

动身访美之前，一位旧时同窗写来封航空信，再三托付我为她带几颗生枣核，东西倒不占分量，可是用途却很蹊跷。

从费城出发前，我们就通了电话。一下车，她已经在站上等了。掐指一算，分手快有半个世纪了，现在都已是风烛残年。

拥抱之后，她就殷切地问我："带来了吗？"我赶快从手提包里掏出那几颗枣核。她托在掌心，像比珍珠玛瑙还贵重。

她当年那股调皮劲显然还没改。我问起枣核的用途，她一面往衣兜里揣，一面故弄玄虚地说："等会儿你就明白啦。"

那真是座美丽的山城，汽车开去，一路坡上坡下满是一片嫣红。倘若在中国，这里一定会有枫城之称。过了几个山坳，她朝枫树丛中一座三层小楼指了指说："喏，到了。"汽车拐进草坪，离车库还有三四米，车库门就像认识主人似的自动掀起。

朋友有点不好意思地解释说，买这座大房子时，孩子们还上着学，如今都成家立业了。学生物化学的老伴儿在一家研究所里做营养试验。

她把我安顿在二楼临湖的一个房间后，就领我去踏访她的后花园。地方不大，布置得却精致匀称。我们在靠篱笆的一张白色长凳上坐下，她劈头就问我："觉不觉得这花园有点家乡味道？"经她指点，我留意到台阶两旁是她手栽的两株垂杨柳，草坪中央有个睡莲池。她感慨良深地对我说："栽垂柳的时候，我那个小子才5岁，如今他们家庭和事业都如意，各种新式设备也都有了。可是我心上总像是缺点什么。也许是没出息，怎么年纪越大，思乡越切。我现在可充分体会出游子的心境了。我想厂甸，想隆福寺。这里一过圣诞，我就想旧历年。近来，我老是想总布胡同院里那棵枣树。所以才托你带几颗种子，试种一下。"

接着，她又指着花园一角堆起的一座假山石说："你相信吗？那是我开车到几十里以外，一块块亲手挑选，论公斤买下，然后用汽车拉回来的。那是我们家的'北海'。"

说到这里，我们两人都不约而同地站了起来，沿着卵石铺成的小径，穿过草坪，走到"北海"跟前。真是个细心人呢，她在上面还嵌了一所泥制的小凉亭，一座红庙，顶上还有尊白塔。

她告诉我，时常在月夜，她同老伴儿并肩坐在这长凳上，追忆起当年在北海泛舟的日子。睡莲的清香迎风扑来，眼前仿佛就闪出一片荷塘佳色。

改了国籍，不等于就改了民族感情；而且没有一个民族像我们这么依恋故土的。

（四）交换批注

同学之间交换批注，相互借鉴，分享各自独特的阅读视角，提升阅读理解能力。

"春"主题阅读案例（一）

【课例名片】

年　级：五年级

设计者：杨惠云　深圳市宝安区凤岗小学

　　　　文　红　深圳市宝安区固成小学

【教学内容】

1. 古诗词：《春日》《春晓》《江南春》《春夜喜雨》《春江花月夜》。

2. 散文作品：维塔里·瓦连季诺维奇·比安基《森林报·春》、老舍《小时候真傻，居然盼着长大》。

3. 其他作品：《我们的传统节日·春》《深圳自然笔记》《深圳自然读本》《草木深圳》《寄往春天的家书》。

【教学目标】

1. 朗读并背诵关于春天的古诗，感受其韵律感及所表达的诗意和情感，感受春天美丽的景色和人们对春天的喜爱和赞美之情。

2. 阅读散文及书籍，激发对春季景色的好奇心，亲近自然，感受自然的魅力，在与自然界的互动中感受人与自然和谐相处的道理，也试着记录自己的春季感受。

3. 积极展开合作，对春天的传统节日的历史文化等问题进行探究，担任中国传统节日的宣讲员，感受中国文化的魅力。

【教学过程】

—第1课时　朗读亭—

（一）激趣说"春"

寒来暑往，四季轮回。春天是万物萌动的季节，是桃红柳绿的季节，也是最具诗情画意的季节。中国古代的诗人写诗最多的季节是春天。春天是属于花和鸟的，是"迟日江山丽，春风花草香"，也是"千里莺啼绿映红，水村山郭酒旗风"。春天还是属于男人和女人的，是"春风得意马蹄疾，一日看尽长安花"，也是"去年今日此门中，人面桃花相映红"。

没有春天，就没有如许好诗；同样，没有好诗，也就没有如此美好的春天。

（二）诵读知"春"

1. 出示朗诵古诗词。

王维《田园乐（其六）》、黄庭坚《春阴》、晏殊《破阵子·春景》、杜秋娘《金缕衣》。

2. 交流理解并朗诵。

（三）品读悟"春"

1. 引导学生说一说朗读中脑海浮现的画面。

理解了诗词的大意，我们再一次朗诵，说一说你在朗诵时脑海中浮现的画面。

2. 指导小组讨论，让学生说一说自己诵读这些诗感受到的诗人关于春天不同的感受和情感体验。

（1）自然之美：联系新学的《田园乐（其六）》和《破阵子·春景》上阕，回顾之前的《赋得古原草送别》《绝句》《大林寺桃花》《咏柳》，这些诗句有什么共同点？诗中的春天都有哪些景物？

（2）生活之乐：有人参与的"春景"才是有趣的"春景"。感受《春阴》中的"试寻野菜炊香饭，便是江南二月天"和《破阵子·春景》中的"巧笑东邻女伴，采桑径里逢迎。疑怪昨宵春梦好，元是今朝斗草赢。笑从双脸生"描绘的一种无拘无束、自由自在、自得其乐的生活乐景，从而感受春天的自然之美，以及诗人乐观享受生活趣味的情志。

（3）珍惜时间：一年之计在于春。"劝君莫惜金缕衣，劝君惜取少年时"，春天也常常在诗歌中被用来呼吁莫负好时光，珍惜少年时。"花开堪折直须折，莫待无花空折枝"，鼓励人们振作，更鼓励人们莫负春光。

（4）其他情感：春天总是可以让人由季节转变和诗人的个人经历产生不同的情感变化。例如，《和晋陵陆丞早春游望》，诗人由江南之春景想起自己远游多年而产生思乡之情；《赠范晔》中，诗人以蜡梅报春表达友人在陇头能享受春情春意的期待，更是以跳跃之笔来写对友人的牵挂与祝愿。

3.反复诵读，再次感受春天之美和关于春天不同的情感体验。

—第2课时　探究室—

（一）观看电影《小森林·冬春篇》片段导入

"最是一年春好处，绝胜烟柳满皇都""草长莺飞二月天，拂堤杨柳醉春烟""等闲识得东风面，万紫千红总是春"，春天，万物复苏，百花盛开，生机勃勃，历来为文人墨客所称赞。我们一起来观看镜头下的春天吧！

1.故事简介。

由于无法融入喧嚣吵闹的大城市，平凡女孩市子选择回到自幼生长的老家——位于日本东北地区的小森村。这里没有过多时尚文明的色彩，当地人过着日出而作、日落而息的传统生活，他们靠天吃饭，靠着双手经营人生，生活虽不富裕，心中却是满满的充实和欢喜。受妈妈影响，市子似乎对亲手制作各种美味而廉价的料理有着格外浓厚的兴趣。妈妈失踪已经很久，对料理的回忆与再现成为母女间别具特色的交流方式。更何况还有取自大自然的各种食材，又怎能暴殄天物，浪费了大好的时光？在好友纪子和裕太的陪伴下，市子静静地走过了春夏秋冬。

2.电影点评。

《小森林·冬春篇》重新审视了自然和社会的关系，以温情、和悦、静美的情怀治愈生态与人之心灵创伤。主人公在影片中能平和应对困境、用心制作美食，甚至能引导他人挣脱束缚、解决问题。

该片用食物传递出深沉的人生哲学和返璞归真的生活美学，反衬出低调内敛的高层次修养，温暖平凡观众的忙碌人生。都市社会的人们，其实更需要用心去体会生活，感恩自然地生活，还原纯净的心境，对自己的所得倍加珍惜。

（二）共读片段：春天的景色

阅读维塔里·瓦连季诺维奇·比安基散文《森林报·春》中的春天景色。

简介：

维塔里·瓦连季诺维奇·比安基，著名的苏联儿童文学作家、动物学家。1894年，比安基出生，他的父亲是著名的自然科学家。耳濡目染，生活在大自然怀抱中的小比安基积累了许多关于大自然的印象和知识。《森林报》以新闻的形式和诗歌的语言描绘森林中动植物一年四季的变化，显现出大千世界的生态，表现出对大自然和生活的热爱，蕴含着诗情画意和童心童趣。《森林报》是培养儿童与大自然和谐相处的态度、对科学的兴趣和科学精神的绝好教材，尤其在生态濒临危机的今日，这些素养和精神显得尤为重要。

（三）感悟：春天景色的表现方法

阅读书中关于春天到来的描写。

散文《森林报·春》。

（四）探究任务

1. 关于春天的美景，结合散文的某一部分，用你的眼睛和脚步去探索，用照片和文字记录下来。

2. 观看电影《小森林·冬春篇》，说说关于春天舌尖上的记忆，可以是你的也可以是家人朋友的，试着将食谱写出来并录制视频，可以和家人或同学合作。

—第3课时　探究室—

（一）导入

1. 初步了解春季的节气。观看创意动画《二十四节气创意动画》。

二十四节气，是历法中表示自然节律变化以及确立"十二月建"的特定节令，蕴含着悠久的文化内涵和历史积淀，是中华民族悠久历史文化的重要组成部分。一岁四时，春夏秋冬各三个月，每月两个节气，每个节气均有其独特的含义。二十四节气准确地反映了自然节律变化，在人们的日常生活中发挥了极为重要的作用。它不仅是指导农耕生产的时节体系，更是包含丰富民俗事象的民俗系统。

该系列动画梳理了每个节气期间我国天气气候特征，解读了背后的气象学原理，列举了典型农事活动、特色民俗和饮食文化，并穿插了相关典故、谚语等趣味知识。动画构思精巧，在传统二十四节气文化解读中融入现代气象科学知识，自然和人文相结合；形式独具创意，采用手绘动画的新颖形式，画风幽默风趣，符合现代流行文化审美；每集时长控制在2分钟，迎合快节奏生活下公众碎片化的阅读习惯，堪为网络科普作品中的优秀之作。

2. 梳理春季的节气。

（1）立春，为二十四节气之首。立，是"开始"之意；春，代表着温暖、生长。立春是"四立"之一，反映着冬春季节的更替，春生夏长、秋收冬藏，立春标志着万物闭藏的冬季已过去，开始进入风和日暖、万物生长的春季。

（2）雨水，是春季第二个节气。雨水是反映降水现象的节气，是古代农耕文化对于节令的反映。雨水节气标示着降雨开始，适宜的降水对农作物的生长很重要。进入雨水节气，中国北方地区阴寒未尽，一些地方仍有降雪，尚未有春天气息；南方地区大多数地方则是春意盎然，一幅早春的景象。

（3）惊蛰，是春季第三个节气，它反映的是自然生物受节律变化影响而出现萌发生长的现象。惊蛰的意思是天气回暖，春雷始鸣，惊醒蛰伏于地下冬眠的昆虫。时至惊蛰，阳气上升，气温回暖，春雷乍动，雨水增多，万物生机盎然。"惊蛰"标志着仲春卯月的开始。

（4）春分，一是指一天时间白天黑夜平分，各为12小时；二是指春分正当春季（立春至立夏）三个月之中，平分了春季。春分在天文学上有重要意义，南北半球昼夜平分，自这天以后太阳直射位置继续由赤道向北半球推移，北半球各地白昼开始长于黑夜。春分在气候上也有比较明显的特征，这时节天气暖和，雨水充沛，阳光明媚。

（5）清明，是气清景明的意思。它是反映自然界物候变化的节气，这个时节阳光明媚，草木萌动，气清景明，万物皆显，自然界呈现生机勃勃的景象。时至清明，中国南方地区已气候清爽温暖，大地呈现春和景明之象；北方地区也开始断雪，渐渐进入阳光明媚的春天。

（6）谷雨，是春季的最后一个节气。谷雨是"雨生百谷"的意思，此时降水明显增加，田中的秧苗初插，作物新种，最需要雨水的滋润，正所谓"春雨贵如油"。降雨量充足而及时，谷类作物才能茁壮成长。

3. 拓展背诵节气歌。

春雨惊春清谷天，夏满芒夏暑相连。

秋处露秋寒霜降，冬雪雪冬小大寒。

（二）了解春日节气的民俗活动

春天，是孕育生命的季节，春节是春天里的第一个节日，也是最喜庆的日子，"爆竹声中一岁除，春风送暖入屠苏"，伴随着爆竹声、欢笑声，春节热热闹闹地来了。过了春节，我们来到了处处张灯的元宵节。度过了正月，进入了二月二春龙节。过了三月，芳草青青，迎来了踏青、祭祖的清明节。

1. 阅读《我们的传统节日·春》。

简介：

《我们的传统节日·春》是丛书"手绘中国民俗"之一。故事讲述了一个三代同堂的家庭是如何过节的，每个节日都设置了几个版块介绍民俗活动、美食、传说、物候等小知识。每个节日还甄选出适合孩子诵读的诗歌、童谣。这套书将我们的节日编织成一个个鲜活有趣的故事讲给小朋友，让他们在聆听中感受节日文化的博大精深，也通过形式多样的节日实操，让他们体验节日文化的魅力，激发他们对节日文化的兴趣与热爱，并引以为傲。"手绘中国民俗"丛书是由本土作者创作的一套人文科普图画书，将中国最有代表性的传统节日按时间顺序，划分为春、夏、秋、冬四卷，共16个节日，每卷介绍四个节日。

2. 梳理书中的民俗活动。

春节扫年、做糖瓜、祭灶、办年货、贴春联、剪窗花、除夕守岁、发压岁钱、放鞭炮、祭祖、拜年。

元宵节吃元宵（汤圆）、闹元宵、猜灯谜。

二月二剃龙头、打灰囤、吃龙食。

清明节扫墓祭祖、春游踏青、插柳、放风筝。

3. 拓展观看纪录片《四季中国》，了解节气与人们生活的关系。

（三）课堂共读：《春游踏青》《荡秋千》

1. 说一说：在春天他们做了什么事情？哪件事你觉得很有意思？

2. 联系你在春天的活动，说说关于春季的节日你体验过哪些活动，并采访你的父母和祖父母，了解他们的体验。

（四）探究任务

1. 列表搜集自己、父母辈、祖父母辈关于春天的节日习俗的记忆，对比异同。

2. 结合三代人关于春天节日习俗的异同，思考传统习俗在今天的意义。

3. 观看《四季中国》，说说春日节气与农耕文化的关系。

——第4、5课时　分享屋——

（一）个人分享：我眼中的深圳春天

《深圳自然笔记》是由深圳本土作家南兆旭撰写的记录深圳自然生态的作品。作者南兆旭耗费十余年的时间徒步走遍了深圳的山岭、田野、海岸线、岛屿、溪谷、湖泊和老村，他从10余万张记录深圳自然生态的图片中精选了1800多张图片，标注内容、时间和地点，为深圳建了一份"自然档案"。周末同学们也根据自己的喜好去亲近了大自然，现在请你们来说一说你眼中深圳的"春天"。

1. 出示汇报选题——深圳春季的景色：某一处风景、某种植物、某种动物等春天相关的景物。

2. 学生通过展示图片、视频、PPT等上台分享。

3. 同学们针对分享内容相互交流，及时评价，给出建议。

4. 教师小结：

在作家南兆旭看来，一个城市的历史不仅仅蕴含在博物馆、档案馆或历史书中，也蕴含在河流、海岸、田野、岩石、动物与植物当中，大自然给我们讲述的深圳历史，更生动，更接近真相。作为在深圳长大的孩子，我们还可以阅读《深圳自然读本》《草木深圳》等书籍，深入了解深圳的自然生态，一起感受深圳的春意烂漫，一起分享在大自然中行走的感受，进而呵护我们的美好家园。

（二）小组展示：我知道的春季节气

在《二十四节气创意动画》中，我们了解了春季有立春、雨水、惊蛰、春分、清明、谷雨等6个节气。课前请大家搜集了感兴趣的节气知识，让我们一起来交流展示吧！

1. 学生选择感兴趣的节气，搜集关于春季节气的知识。

2. 小组合作，借助思维导图、读书小报、表格、PPT等方式进行梳理。

3. 小组上台展示成果。

4. 关于其他组的成果，有什么疑问或建议，大家一起交流。

（三）知识竞赛：我了解的春季习俗

在《我们的传统节日·春》一书中，我们已经知道了春节有扫年、做糖瓜、祭灶、办年货、贴春联、剪窗花等风俗习惯，除夕有守岁、发压岁钱、放鞭炮、祭祖、拜年等风俗习惯，元宵节会吃元宵（汤圆）、闹元宵、猜灯谜，二月二会剃龙头、打灰囤、吃龙食，清明节则会扫墓祭祖、春游踏青、插柳、放风筝。课前请大家搜集了相关资料，请你来分享，你还知道哪些有关春季的节日来源和风俗习惯。

1. 学生自由分享，看谁知道得多。

2. 以小组为单位进行知识竞赛，抢答最多的小组获胜。

—第6、7课时　实践园—

（一）品读名家散文

1. 激趣导入。

中华大地，幅员辽阔，南国早已春暖花开，北国却仍是大雪冰封。迟子建的《春天是一点一点化开的》便生动而细腻地介绍了这一变化，让我们一起走近文本。

2. 课堂共读《春天是一点一点化开的》。

（1）思考：春天是怎样一点一点化开的？

（2）交流：北国的春天与深圳的春天有什么不同？

（3）讨论：迟子建的写作有何特色？

预设：拟人手法，比喻手法。

3.迁移运用。

（1）联系自己印象最深的春天记忆，用修辞的手法，生动形象地写一写深圳的春天。

（2）学习评价标准。

（3）小组展示，点评修改。

（4）全班汇报，交流最美记忆。

4.拓展延伸。

（1）阅读迟子建其他作品，感受迟子建对生活的热爱。

（2）用今天学到的写作方法，记录下与春天有关的季节记忆。

（二）创作"我的春天"

1.群文共读。

（1）快速默读史光柱的《春天，我的春天》、海子的《春天，十个海子》。

（2）思考在不同文章里"春天"的含义，说说你的理解。

2.交流创作。

（1）交流带给你春天的人和故事。

（2）创编"我的春天"。

（3）交流汇报，美文展示。

—第8课时　加油站—

（一）导读《寄往春天的家书》

1.谈话导入。

"地不分南北，人无分老幼，无论何人，皆有守土抗战之责……他们就抛家舍子，别母辞妻，义无反顾奔赴烽火战场。国难当头，匹夫有责！为了这个，他们大多数人牺牲在了异乡的土地上。我们不应当忘了他们，我们的后人也不应当忘了他们。"翻开张品成《寄往春天的家书》，我们一起在悠悠往事中回味激昂的少年热血。

2.作者简介。

张品成，湖南浏阳人，1957年出生，1982年江西师范大学中文系毕业，中国作家协会会员。作品有：中短篇小说集《赤色小子》《永远的哨兵》；长篇小说《可爱的中国》《红刃》《北斗当空》等二十余部；电影文学剧本《我是一条鱼》《长冈七日》《纸蝶》等十余部。曾获中国作家协会第四届、第五届全国优秀儿童文学奖，"陈伯吹儿童文学奖"，第二届、第三届"巨人"中长篇儿童文学奖，第十三届中国图书奖，第十四届冰心文学奖。

3. 作品介绍。

《寄往春天的家书》是一部取材于真实历史事件、向少年儿童进行爱国主义教育的儿童小说，讲述了上高会战期间发生在上海劳动妇女战地服务团（成员为妇女和儿童）里的故事。

这本书以一个孩子的视角，通过战地服务团这个切口，展现出全体中国人民在抗日战争中勠力同心、顽强不屈的精神气概。"小鬼"韩世得是总司令的马夫，但自从总司令有了辆"铁马"，他这马夫就变得可有可无了。韩世得不甘心，他虽然是个马夫，但也是个军人，为了证明自己，韩世得主动要求去前线。直到到了地方，韩世得才发现自己来的并不是真正的前线，而是战地服务团，团员都是女人和孩子。在战地服务团里，韩世得认识了新的伙伴，他们学习文化、做抗日宣传、练习护理伤员、帮战士们拍照传家信，以自己力所能及的方式为前线战士提供服务，为抗战胜利添砖加瓦。但战争的残酷不断地冲击着他，令这个原本天真无邪的孩子深切地体会到了敌人的可恨和胜利的不易，从而在战火的洗礼中得以蜕变、成长。

4. 阅读挑战。

（1）在作者冷峻且细微的描述中，我们认识了一群性格迥异、内心丰富、栩栩如生的人，请问哪一个人物或群体最令你印象深刻？请说明理由。

（2）战地服务团为每位上火线的战士写一封家书并拍一张照片，再冒着敌人的空袭把它们邮寄到他们家人的手中。这看似简单的任务却会让朝夕相处的战友瞬间殒命，可他们为什么还要这么做？

（3）如果你也出生于那个烽火连天的时代，你会做出什么样的选择？是上前线杀敌还是甘心成为战地服务团的一员？请说明理由。

（4）"烽火连三月，家书抵万金。"请说说你对书名"寄往春天的家书"的理解。

（5）硝烟弥漫的时代已经过去，如今和平的春风吹遍中华大地，"铭记历史，勿忘国耻"是每一位中华儿女义不容辞的责任，请你也试着写一封"寄往春天的家书"吧。

（二）阅读分享会

1. 方法指导。

（1）学习表达自我观点的方法。作家尼古拉·鲁巴金说："读书是在别人思想的帮助下，建立起自己的思想。"我们在阅读文章时，在掌握文章的主要内容和中心思想的基础上，应结合自己的思考，用凝练的语言将自己的观点准确表达出来。

（2）仔细聆听，认真思考，围绕提出的问题开展讨论，尽量说一些能使对话或话题保持活跃的内容。

（3）在分享过程中学会运用提示语帮助自己思考和表达。例如，"我同意/不同意你的观点，因为……""是什么让你产生了这样的观点？""这篇文章说……这让我想到……"等。

2. 读书分享会。

（1）交流各自的阅读感受和收获。

（2）分享自己觉得最有效的阅读方法，取长补短，互相提升阅读鉴赏能力。

（3）教师指导阅读方法：

① 通过记录阅读日记，坚持训练，提高观点表达力。

② 及时分析阅读日记，了解自己阅读的情况。

"春"主题阅读案例（二）

【课例名片】

年　级：六年级

设计者：李素珍　深圳市宝安区文汇学校

【教学内容】

1. 书籍：《春天怎么还不来》《寂静的春天》《守望2020年的春天》《守护春天》《走过那春天》。

2. 古诗：《春雨》（李商隐）、《春望》（杜甫）、《春宫曲》（王昌龄）。

3. 现代诗：《你是人间的四月天》（林徽因）、《春天，遂想起》（余光中）、《春天总是鲜丽》、《春天，十个海子》（海子）、《春山行》（贯休）。

4. 散文：《春》（朱自清）、《春的消息》（姜旭光）、《一朵小花》（古清生）、《生活的兰幽草》（王维仁）。

【教学目标】

1. 朗读并积累有关春天的成语、俗语、歇后语，理解并能运用。

2. 阅读和观看春天的相关书籍和纪录片，了解春天节气的特点，在观赏春天、赞美春天的活动中，加深对春天的体验和感悟，进一步提高观赏自然和欣赏艺术的能力。

3.通过读书分享会活动，表达自己对春天的感受和理解，同时提高创新、创造能力。

【教学过程】

—第1课时　朗读亭—

（一）成语里的春天

1.谈话导入。

"一年之计在于春"，春天是一个播种的季节，春天是一个万紫千红的季节，春天是桃花瓣上的那抹粉红，是柳树枝头的那片嫩绿，是油菜花开的阵阵清香，是万物复苏的顽强生命力。我们欣赏春天的美丽，却更应该明白，春天的主题不只有姹紫嫣红，适时播种才是春天的真谛。今天让我们一起走进以"春天"为主题的拓展学习。

2.请你说一说有关春天的成语，边读边积累。

（1）出示关于春天的成语，学生补充。

（2）小组自由练读、积累。

（3）学生选择感兴趣的成语写一段话。

（二）古诗里的春天

1.出示古诗《春雨》《春望》。

2.读一读古诗，了解诗人，了解诗歌的创作背景。

3.划分节奏，了解古诗的意思，并将其连成一段通顺的话。

4.同桌读、小组同学读、分男女生比赛读古诗，了解诗中所表达的情感。（《春雨》以曲折隐讳的笔调抒发相思之情；《春望》表达对亲人的思念、对国家的担忧之情。）

5.熟读成诵，积累、背诵诗句，默写诗句。

（三）现代诗里的春天

1.出示诗歌《你是人间的四月天》。

2.听名家朗诵，学生谈感受。

3.学生自由朗读，读出情感美，读出节奏美，读出感受，读出享受。

（四）散文里的春天。

1. 出示散文《春》。

2. 学生自由朗读，读出情感美，读出节奏美，读出感受，读出享受。

3. 品一品，说说散文描写的画面。

—第2、3课时　探究室—

（一）谈话导入

春风有信，花开有期，所有的美好都已经在路上。春有约，花不误，年年岁岁不相负。春天，是开始，是希望，是草长莺飞，是万物生长。春花烂漫，在这个美好的季节里，让我们一起走进"春"主题系列阅读研学活动，走进大自然，拥抱大自然。

（二）探寻春天的寓言故事

1. 在中国这个文明古国，人们创编了很多有关春天的寓言故事。

中国古代有关春天的寓言故事：

人物	故事	道理
	阳春白雪	
	春华秋实	
	寸草春晖	
	满面春风	
	春风化雨	

2. 小组内分享这些故事。

（三）探寻神话中的春天

世界各地有关春天的神话故事：

人物	故事	道理
	农耕神话	
	印度教神话	
	草原神话	

续 表

人物	故事	道理
	希腊神话	
	北欧神话	
	基督教神话	

1.出示资料，学生采用自由读、同桌读的方式，小组内讨论神话故事。

（1）农耕神话

在中国的农耕神话故事里，神仙们组成了一个高效的行政机构，按照"道"的规章制度有条不紊地开展工作。在中国古代神话中，四季都有神各司其职。春神句芒，掌管春天。《山海经》记载："东方句芒，鸟身人面，乘两龙。"他掌管着春天树木的发芽生长，为刚经历了严寒的大地孕育希望。

（2）印度教神话

从前有一个暴君不允许人民信奉大神毗湿奴。而他的儿子却坚持敬奉大神。王子受到百姓拥护，并对父亲的专横跋扈表示了不满。于是父王大怒，便指使自己的妹妹、女妖霍利卡在一个月圆之夜烧死王子。翌日清晨，当得知此事的百姓带着盛水的器具赶去救人时，却发现王子安然无恙，而霍利卡已化作灰烬。

（3）草原神话

在蒙古族的神话故事中，神女麦德尔身跨白色神马，往来奔驰在蓝色的水面上，神马的四蹄踏动水面，放射出耀眼的火星。经过燃烧的灰烬，撒落在水面上。灰越积越厚，渐渐形成了一块无边无际的大地。麦德尔的马蹄燃起大火，烧得蓝色的水不停地蒸发，水汽在天空飘动形成了云彩。马蹄踏水溅起的火星，飞上高空成了星星。在这个神话故事中，火是天地分开时产生的，非常神圣。在严酷的自然环境中，火带来的温暖和安全使得牧民、猎人对火神更加崇敬。蒙古族视火为生命与兴旺的象征，灶火是民族、部落和家庭的保护神。蒙古族的祭火是原始宗教信仰的一种遗俗，有着严格的仪式和过程。每年的腊月二十三，牧民们都身着盛装燃起篝火，在长者的主持下将黄油、白酒、牛羊肉等祭品投入火堆，感谢火神的庇佑，祈祷来年丰衣足食，草茂畜旺。

（4）希腊神话

略。

（5）北欧神话

略。

（6）基督教神话

略。

2.探讨分享：这些神话现在对我们有什么启示？

（四）探寻春天的历史典故

中国古代有关春天的历史典故：

人物	故事	道理
	高山流水	
	庄周梦蝶	
	倾国倾城	
	咏絮才高	
	人面桃花	
	青梅竹马	
	镜花水月	
	闲云孤鹤	

1.春天来了，大地的每个角落充满了春天的气息，到处生机勃勃，我们也一起来追寻一下有关春天的历史典故。

2.用自己的话来讲述历史典故，并说说自己的体会与感受。

—第4、5课时 分享屋—

（一）分享春天的习俗

六年级语文下册第一单元以"民风民俗"为主题，编排了《北京的春节》《腊八粥》《古诗三首》《藏戏》四篇课文，这些课文都充满了浓郁的民俗风情，有着深厚的文化内涵，能让我们充分体会中华优秀传统文化的博大精深，感受中华传统习俗中蕴含的人情美、文化美。

春天是个充满希望的季节，寄托着人们无限美好的希望。那春天有哪些习俗呢？一起来分享。

1. 踏春。

春季有踏春的习俗。春分节气过后，温度逐渐上升，此时人们会利用假期，和朋友、亲人一起，前往郊外、景点游玩，提高运动量，欣赏春季的美丽景色。

2. 吃春菜。

春季人们有吃春菜的习俗，春季到来后，万物开始苏醒，此时农村地区的山坡、田野上会长出野菜，人们可以将其采摘回去，制作成美食，和家人一起享用。

3. 舞春牛。

农村地区在春季有舞春牛的习俗，用来祈祷新年的丰收以及播种顺利。春牛一般会使用竹篾、棉、纸等材料制成，并由晚辈一起舞动。春牛后方会跟随着拿着各种农具的人，并且会绕村一周，为每户人家送上祝福。

4. 吃春饼。

立春吃春饼历史悠久。据载，六朝元旦吃五辛盘（五种荤辛蔬菜：小蒜、大蒜、韭、芸薹、胡荽），供人们在春日食用后发五脏之气。现扬州人立春时也吃五辛：新葱、韭黄、蒜苗、萝卜、芫荽。唐初饼与生菜以盘装之，称春盘，因与五辛盘有渊源，也叫辛盘，宋时改叫春饼，现也叫薄饼、荷叶饼、片儿馎馎等。元《饮膳正要》记载"春盘面"由面条、羊肉、羊肚肺、鸡蛋煎饼、生姜、蘑菇、蓼芽、胭脂等十多种原料制成。明、清时在饼与生菜外兼食水萝卜，谓能去春困。整个尝新活动称为"咬春"。卷春饼的菜称为"和菜"，其中必有绿豆芽、粉丝、菠菜心、韭黄、鸡蛋。

5. 迎春宴。

在江苏高邮地区，立春的前一日要举行"迎春宴"，歌舞娱乐。春盘以萝卜、芹菜等为菜盘，相互馈赠。苏东坡有诗云："渐觉东风料峭寒，青蒿黄韭试春盘。"

6. 放风筝。

清明节有一个放风筝放晦气的习俗。清明时节，碧空万里，惠风和畅，草木萌发，是放风筝的好时候。放风筝，一般人只知道是一种文化娱乐活动，但在古代，还包括一项古老的习俗——"放晦气"。因此，风筝也成为古代人们节日避邪的一种护身符。

（二）分享春天的节气及习俗

1. 春天有哪些节气呢？

立春、雨水、惊蛰、春分、清明、谷雨。

2. 各个节气里有哪些习俗呢？

雨水：雨水这天在民间有一项特具风趣的活动，叫"拉保保"。

惊蛰：祭白虎化解是非，惊蛰吃梨，蒙鼓皮，"打小人"驱赶霉运，抒发内心不忿。

春分：在每年的春分那一天，世界各地都会有数以千万计的人在做"竖蛋"试验。

清明：禁火、扫墓、踏青、荡秋千、蹴鞠。

谷雨：南方有谷雨摘茶的习俗，北方有谷雨食香椿的习俗。

（三）分享中外名家笔下的春色

1. 教师导入：同学们，我们在前几节课中深入地了解了春天这个季节，知道了春天的特点、习俗和美食。那么在不同的国度，作家眼中的春天又有何不同呢？我们一起来走进中外诗人笔下的春天。

2. 听音频：配乐欣赏古今中外的春。

（1）《谷雨》方太古。

（2）《春天的黄昏》屠格涅夫（俄国）。

3. 学生分享听后感受。

4. 以小组为单位讨论中外诗人笔下的春有何不同。

5. 以小组为单位配乐朗诵分享。

（四）师生共读《寂静的春天》这本书，分享春天的奥秘

1. 激趣导入。

谁能够想象，一个春天，如果失去了知更鸟的歌声，该会变得多么阴郁和寂寞？今天让我们一起走进一本有关春天的书籍——《寂静的春天》，它的作者是美国作家蕾切尔·卡森，由鲍冷艳翻译，中国青年出版社出版。

2. 指导学生学会阅读方法、列出自读提纲。

（1）看见题目你想到些什么？

（2）读后你知道了什么？还想知道什么？

（3）你还有哪些不明白的问题？

3.共读探究。

（1）小组内交流讨论，简介这本书的主要内容。

（2）各组派优秀代表上台分享。

（3）交流感受。

4.好书推荐与鉴赏。

（1）请你为这本书写一段推荐语。

（2）制作精美的推荐卡，优秀作品贴在作品栏上。

—第6课时　实践园—

（一）根据计划书进行实践活动

1.根据计划书，各小组分工合作，收集到了许多的信息和资料，这节课我们继续进行研究性学习活动。

2.提供实践活动的资料、网址和书籍。

3.课后分组进行实践活动。

（二）学生围绕主题，进一步开展研究性学习活动

1.小组交流实践活动所获取的信息和资料。

（1）通过实践活动，我们每个人的收获可真不小，大家一定想互相交流一下了。请你把获得的信息和资料与同组伙伴分享，同时倾听别人的所得。

（2）各小组之间互相交流，分享资源。

2.把各自的研究成果汇集成小组的研究成果。

（1）一个人的力量小，集体的力量大。让我们把各自的研究成果汇集成小组的研究成果：把收集到和了解到的资料集中起来，加强对研究主题的了解。

（2）分工合作，汇集小组研究成果。

（三）学生分小组准备展示成果

1.你们的研究成果有的很丰富，有的很有特色，怎样才能让别人也欣赏到你们的研究成果呢？

2.根据研究计划书再次讨论确定1～2项的成果展示方法。

3. 各小组准备展示成果，如口头介绍、小报、诗歌朗诵、小品、舞蹈、图片解说等。

（四）展示成果与评价

1. 各小组代表用各种形式进行汇报，展示自己的初步研究成果。例如，清明节小小诗歌朗诵会等；元宵节猜灯谜、舞龙、做汤团等；学雷锋日学雷锋故事会、唱学雷锋的歌、做一件好事等；泼水节跳傣族舞蹈；世界地球日图片解说、设计宣传语等；植树节画一画、课后种一棵树或认领一棵树。

2. 把学生的研究成果进行张贴、拍成照片或用录像机录制下来。

3. 学生进行自评和互相评价。

4. 教师指导评价，评出优秀展示小组、创意小组等。

（五）活动总结和延伸

1. 说说本次活动的收获。

2. 讨论还想研究什么节日。

示例：

春节：放烟火、压岁钱等问题。

助残日：观察身边的哪些人需要帮助，我们可以做些什么。

五一国际劳动节：父母努力工作，我们可以为他们做些什么。

3. 创意无限，制定自己的节日。

—第7课时　实践园—

（一）"我和春天有个约会"读书分享会

导入：手捧书籍，就是手捧希望；开卷读书，就是打开希望之窗。这节课让我们一起来一场"我和春天有个约会"读书分享会。

（二）阅读启航，好书我推荐

1. 请你来推荐一本有关春天的书籍，可以从主要内容、作者、人物、与春天的关系、收获等方面来介绍。

2. 小组内合作完成，可以一人推荐一本书，也可以一个小组介绍一本书。

3. 小组派代表上台展示，其他同学当小评委。

4. 评出最受欢迎的书。

（三）聊一聊书

1. 书籍是一杯酒，让你敞开关闭已久的胸怀；书籍是一首歌，喷涌出你内心深处的激情。我们一起来聊一聊书。

2. 分享读书的收获，可以是积累的好词佳句，可以是学会书本中的一项技能，也可以是懂得了一个道理，认识了人物的优秀品质。

3. 全班评出"最佳分享员"。

（四）演一演

1. 点一盏心灯，照亮孩子阅读的天空，和孩子一起在温暖又智慧的灯光中诗意地走进书本，一起体验来自书本的快乐和感动。接下来我们一起来演一演书中最有意思的环节、让人印象最深刻的情节，以及最能体现人物性格的情节等。

2. 小组内进行排练，商量讨论对白、道具等。

3. 全班进行表演，其他同学当评委、观众。

4. 评出"最佳小演员"。

（五）写一写

1. 做好读书笔记，必然能深刻领会一本书，从而提升自己的思想境界。请你摘抄文中的好词好句（6词3句1体会）。

2. 请你根据自己的体会、收获，做一枚精美的书签。

3. 写一篇读后感。

（六）小结

1. "腹有诗书气自华，最是书香能致远。"对于爱读书者，每天都是读书节。读书，感悟，交流，美好的时节，愉快的分享，愿好书永远陪伴你们健康快乐地成长。

2. 课外看更多有关春天的书籍，并主动和同学分享。

—第8课时　加油站—

（一）激发兴趣，引入教学

1. 师：同学们，春姑娘已经悄悄来到了人间，她给我们带来了许多的礼物，你们想看看吗？（播放一段春天的录像）你会用什么词语来形容这大好的春色呢？（春光明媚、柳绿桃红、鸟语花香、万物复苏、春意盎然……）

2. 同学们，春天美吗？从冬天到春天，你发现周围有了哪些变化呢？（学生交流自己的所见、所闻、所感）

3. 看到这么美丽的春天的景象，你能用诗歌或优美的语句来赞美这美丽的季节吗？（学生交流、展示课前收集的有关春天的图画、歌曲、诗歌佳句等）

4. 春天，天气转暖，万物复苏；春天，耕耘播种，充满希望。同学们已经用眼睛去看，用耳朵去听，用鼻子去闻，用心灵去感受过这美好的春天了。今天这节课让我们通过自己的描写，再次去感受春天的美好吧！

（二）指导选材，丰富材料

1. 你们是从哪里找到春天的？（花、草、树……）这是从植物身上找到的。（板书：植物）

2. 还可以从哪里找到春天？（动物、天气、人物……引导学生回答后，教师板书：动物、天气、人物）

3. 小组交流。请同学们回忆去了哪些地方寻找春天，在那儿，你看到了怎样的景象？然后在小组内互相说说。

4. 全班交流。小组推选代表，在全班交流，组织学生评一评、议一议。

5. 小结：从植物、动物、人物、天气等变化中，我们发现了春天；从动听的歌曲中和书报中，我们也可以欣赏到春天；可见，处处有春天啊！

（三）教给方法，自由发挥

1. 本次习作是写出自己对春天景物的发现和体会，内容范围大，可以写的材料很多，那么所选择的写作材料要突出什么特点呢？（春天的特点）

2. 从哪些方面去写选好的材料呢？（可从形状、颜色、时间、空间、看到了什么、听到了什么等方面去描写。甚至可联系读过的诗词、唱过的歌等去联想、想象）

3. 选择的材料可按什么样的顺序描写呢？（按空间顺序、按人物游览地点的先后顺序等）

4. 按上述要求，小组交流，互相启发。

5. 小结：材料的选择、表达顺序的选择，是为了把景物特点写清楚、写具体，给读者留下深刻的印象。

（四）写好提纲，完成初稿

1.学生起草初稿。

2.教师巡视，并对习作有困难的学生进行个别辅导。

（五）指导修改，完善习作

1.示例修改，突破难点。

写景物，学生常犯的毛病是没有抓住景物的特点写具体。为了突破这个难点，可出示典型的景物并组织学生修改习作，帮助学生掌握抓住特点写具体的方法。

2.学生自改，完善习作。

"秋"主题阅读案例（一）

【课例名片】

年　级：五年级

设计者：杨惠云　深圳市宝安区凤岗小学

　　　　文　红　深圳市宝安区固成小学

【教学内容】

1. 古诗：《山居秋暝》《枫桥夜泊》。

2. 民间故事："秋神蓐收""一叶知秋"。

3. 阅读书目：《我们的传统节日·秋》《秋天里的节日民俗》《一天一首古诗词·秋》《深圳》。

【教学目标】

1. 理解《山居秋暝》和《枫桥夜泊》所表达的诗意和情感，感受秋天独特的美。

2. 在阅读实践中坚持对图像化力和专注力的训练，提高阅读能力。保持好奇心，拓宽视野，与小组成员积极展开合作，对秋天的传统节日、秋天的节气诗词、秋天的特点等进行探究。

3. 通过"创意秋天"手工作品大赛，表达自己对秋天的感受和理解，同时提高创新、创造能力。

【教学过程】

—第1课时 朗读亭—

（一）课前诵读：文人笔下的秋天

1. 出示古诗词《山居秋暝》《秋登宣城谢朓北楼》《登高》《秋思》《山行》《秋夕》《枫桥夜泊》《秋词》《苏幕遮·怀旧》《天净沙·秋思》。

2. 谈谈古诗词中的秋给你什么样的印象。

（二）激趣说"秋"

1. 问题导入：所谓"一叶知秋"，说起秋天，你首先会联想到什么？如果用一句话描述秋天，你会怎么说？

2. 说一说关于秋天的联想。

（三）对比知"秋"

1. 组织学生集体朗读古诗《山居秋暝》和《枫桥夜泊》。

不同的人对秋天有着不同的感受和情感。诗人王维和张继眼中的秋天又是怎样的？他们对秋天的感受有何不同？我们一起来诵读这两首古诗，一起走进秋天的世界吧！

2. 学生分享对诗词的理解。

《山居秋暝》是一首五言律诗，描绘了初秋薄暮、雨后初晴的山中图景。诗的大意是：空旷的山中刚下过一场雨，天气清凉，傍晚时分让人感受到凉凉秋意。皎洁的月光透过松林洒落下来，清澈的泉水从石头上潺潺流过。竹林里传来喧笑声，原来是一群洗衣的女子归来了，莲叶晃动，原来是渔船顺流而下。任凭花草凋谢，可我还是愿意留在这里，长久居于此地。

《枫桥夜泊》是一首七言绝句。诗的大意是：漫天寒霜里，月亮在乌鸦的啼叫声中慢慢西沉。江边枫叶摇曳，渔船上灯火点点。面对这些景象，诗人心中充满愁绪。此时，姑苏城外的寒山寺半夜敲响的钟声传入客船。

（四）精读说"秋"

1. 引导学生说一说朗读时脑海中浮现的画面。

2. 指导小组讨论，说一说自己对秋天的感受和体验。

王维表达了对秋天山间景色的喜爱，张继感受到了秋天深夜的清冷与孤寂，你对秋天又有着怎样的感受和体验呢？和大家一起交流分享吧！

3.结合自己的体验，表达自己对秋天的真挚感受和情感。

—第2、3课时　探究室—

（一）谈话导入

中国传统上是以二十四节气的"立秋"作为秋季的起点，至"立冬"结束。梧桐叶落，秋风萧瑟，那是秋的脚步；橙黄橘绿，风吹麦浪，那是秋的奉献；思乡怀远，睹物思人，那是秋的情思。对于秋天，你有哪些想要探究的问题？选择感兴趣的问题，和小组成员一起进行探究吧。

（二）探究引导

1.引导学生确定要探究的问题。

（1）"每逢佳节倍思亲"，秋天有哪些传统节日？这些节日是怎么来的？秋天有什么风俗、传说？

推荐书籍：《我们的传统节日·秋》《秋天里的节日民俗》。

（2）第一课时学到的两首古诗都是描写秋天的，你还知道哪些描写秋天的古诗词？秋天有哪些节气？不同节气里的秋天有何不同？

推荐书籍：《一天一首古诗词·秋》。

（3）你感受过哪些地方的秋天？不同地方的秋天有什么不一样？不同作家对秋天的描写有何不同？深圳的秋天有什么特点？

推荐书籍：《深圳》。

2.组建探究小组，分组选择书籍进行阅读探究。

组名：		
组长：	职责：	
组员	职位	职责

3.指导学生利用各种方式搜集资料，完成探究。

—第4、5课时　分享屋—

（一）激趣导入

在这诗意的金秋，有人于一方小院煮酒烹茶，有人踏一方天地游玩赏景，但在文人墨客看来，"秋"也有新的玩法。唐代诗人韩翃有一名句"春城无处不飞花"，由此衍生出"飞花令"这一文字游戏。时至今日，《中华好诗词》和《中国诗词大会》等诗词类节目的热播，激起了全国人民对古诗词的热情，其中的"飞花令"环节更是备受大家喜欢。今天就让我们一起来一场"秋"字的飞花令，品味古人在秋意中的浪漫。

（二）"飞花令"——诗词中的"秋"

1.学生收集关于"秋"的诗词。

2.课堂上分小组进行"飞花令"初赛，获胜者进入复赛。

3.小组成员作为智囊团，帮助各小组代表进行"飞花令"复赛，角逐出前五名。

4.前五名代表进行"飞花令"决赛。

5.为获奖同学和小组颁奖。

（三）活动小结，积累提升

1.教师指导方法，引导小组梳理各自收集的资料。

2.教师整理各组资料，作为题库发至全班，让学生积累背诵。

3.拓展提升：秋意的浪漫尽显于古诗词之中。诗意中国，源远流长，课后请大家继续阅读《一天一首古诗词·秋》，做一个"腹有诗书气自华"的人。

—第6、7课时　实践园—

（一）寻找深圳之秋

1.课前准备。

围绕主题，教师准备相关课件、道具；学生调查生活周边的秋意，收集相关诗词文章等。

2. 复习导入，再激探究兴趣。

通过复习总结、图片配合问答、创设情境，展示学生平常认知中的秋景图，顺势导入问题"谁说深圳无秋色？"，再次激发学生寻找深圳之秋的探究兴趣。

3. 依托情境，万物知秋。

运用多媒体的教学手段，从以下几个方面与学生互动与交流，适时提问，引导学生观察和思考。

（1）身体知秋：体感温度、着装变化、身体感知。

（2）植物知秋：绿意正浓，但已有落叶枯枝、残花干草；硕果累累。

（3）饮食知秋：广东人煲汤，做秋梨膏、柿饼等。

（4）体验知秋：读万卷书，行万里路。通过出示深圳周边秋意正浓的图片，引导学生付诸行动，在真实生活体验中再次找寻并感受深圳的秋意。

4. 巩固小结。

引导学生用作文、贺卡、思维导图等形式充分表达对于感知深圳之秋的收获和感受，并及时给予展示，培养学生自由、多元的语言表达能力。

（二）"创意秋天"手工作品大赛

1. 指导学生利用课余时间，小组合作完成作品的设计和制作。

"一年好景君须记，最是橙黄橘绿时。"秋天是多彩的，整个城市就像是被泼了颜料一般色彩纷呈。各种树叶、树枝、果实等都能被改造成让人惊讶的艺术作品。学校即将举办"创意秋天"手工作品大赛，各个小组在大自然中寻找可制作的材料，合作完成作品设计、制作、介绍等工作。只要你敢想，创意就是无限的！

2. 指导学生提前写好解说词，上台分享作品。

树叶、树枝、种子、果核、干果等通过拼贴、搭建、雕刻、组合等方式焕发出新的生命，成为一件件精美的作品。你们小组设计和制作的是什么作品？你们是如何制作的？上台向大家介绍你们的作品吧！

3. 指导学生举行作品展，邀请全校师生进行投票。

每个小组为本组的作品制作一张介绍卡，介绍卡内容可包含作品名称、设计制作人、设计理念、功能用途等。在全校举办一场"创意秋天"手工作品展，邀请全校师生参观和投票。

—第8课时 加油站—

（一）赏析文学名家笔下的"秋"

1. 教师引语：若用人生的阶段来对应四季，春天是天真烂漫的萌芽期，夏天是精力旺盛的成长期，秋天是收获思考的成熟期，冬天是慢慢回味的蛰伏期。

秋天的意境是美的，是多样的，是奇妙的，文人们也是时常写到秋天的。今天，我们就来欣赏一下文人笔下的秋天吧！

2. 出示名家名篇，引导学生品读。

（1）郁达夫《故都的秋》。

赏析：《故都的秋》中，一椽破屋、一碗浓茶都是值得留恋的故都生活细节。但郁达夫真的只是在表达偏爱北方的秋吗？《故都的秋》创作于1934年8月17日。当时的北平（今北京），处在日本侵略者的威胁之下，风雨飘摇。郁达夫先生并非只是表达对北国秋天的爱，更是表达了对祖国的热爱。

（2）老舍《济南的秋天》。

赏析：老舍先生的这篇《济南的秋天》善用拟人的手法，"睡着了的大城楼""上帝不愿意把它忽然唤醒"，将古城济南的秋天写活了。文章轻松明快，先是娓娓道来，介绍古城，而后又殷勤地请"你"来做客，表达了作者对秋季济南的喜爱之情。

（3）史铁生《我与地坛》。

赏析：《我与地坛》语言极富哲理性，作者史铁生对地坛这座古园中的一草一木进行了洋溢着生命活力与激情的描写与刻画。作者善用排比和比喻。他将四季比作乐器，比作声响，比作艺术，比作梦。

3. 小结提升。

有人写秋天的凉，如《故都的秋》那般清冷；有人写秋天的通透，如《济南的秋天》那般明澈；有人写秋天的生命力，如北海的菊花开得灿烂；有人写秋天的深沉，如"地坛"里的青铜钟声。

他们笔下的文字，有比喻、排比、拟人，有巧用意象、短句、对仗等，我们可以从中学到不同的写作方法。

更重要的是，品读这些美文，我们能跟随着文字看见生活细节中的美，体会作者乐观旷达的人生态度，感受真挚而深刻的感情。

（二）写下你心中的"秋"

1. 相信每位同学眼中的"秋天"都有着不同的色彩，对于"秋"也有着自己别样的体验和感受。请你用学到的知识和方法，像这些文学名家一样写一写你与"秋"的故事，表现出你眼里和心中的"秋"。

2. 学生交流并完成写作。

3. 学生互相鉴赏，展示优秀习作。

"秋"主题阅读案例（二）

【课例名片】

年　级：六年级

设计者：李素珍　深圳市宝安区文汇学校

　　　　孔蔼玲　深圳市宝安区文汇学校

【教学内容】

1. 古诗词：《送狄宗亨》《韦处士郊居》《蝶恋花·水浸秋天风皱浪》《采桑子·彤霞久绝飞琼字》。

2. 图书或文章：郁达夫《故都的秋》、木心《云雀叫了一整天》、史铁生《秋天的怀念》、巴斯卡利亚《一片叶子落下来》、林海音《城南旧事》。

【教学目标】

1. 朗读并理解古诗《送狄宗亨》和《韦处士郊居》所表达的意思和情感，体会诗歌的意境。

2. 阅读和观看秋天相关的书籍和纪录片，了解立秋节气的特点，感受秋之美、秋之韵。

通过"打包秋天分享会"活动，表达自己对秋天的感受和理解，同时提高创新、创造能力。

3. 通过阅读实践，进行观察日记和写景写作训练，提高写作能力。

【教学过程】

—第1课时 朗读亭—

（一）找寻成语里的"秋"

教师创设情境导入：褪去夏的青绿，换上秋的金黄。秋天正向我们招手走来，让我们一起来寻找秋天，举行"秋天文化"的节日盛会。你能找到哪些关于秋天的成语呢？

1. 总结有关"秋天"的成语。

2. 分男女生朗读有关"秋"的成语。

3. 学生随机选几个成语，说说它们的意思。

4. 积累背诵其中10个成语。

5. 运用几个成语写一段话。

（二）找寻古诗里的"秋"

秋天是一个收获的季节，也是一个浪漫的季节。秋天的浪漫就藏在古诗里，让我们走进"秋天古诗盛会"。

1. 交流汇报：我寻找到的古诗里的"秋天"。

2. 学生展示，用自己的话说说诗句的意思。

（1）《送狄宗亨》：秋天表现在水清山老和蝉的鸣叫声中，洛阳的枫林如火，鸣皋山上烟云笼罩。送你离开这里，我充满了不尽的忧愁，只我一人度过这凉风习习的天气，又多么令人惋惜。

（2）《韦处士郊居》：红叶在风中纷纷飘落，铺满了整个庭院，使人仿佛置身于诗的境界。走上台阶，只听清冷的琴声在身畔缭绕，哦，原来暗处还有泉水叮咚的声响。走出门外，已是夕阳西下，秋天的景色也失去了平时的姿彩。只剩下冷森森的万竿绿竹。如烟一般的水汽正从蜿蜒流淌的溪水上升腾起来。

3. 说说诗句表达了作者什么样的思想感情。

（三）找寻诗词中的"秋"

1. 划分节奏，有感情地朗读诗词，了解诗词的意思。

2. 分小组比赛读古诗词。

—第2课时　探究室—

（一）寻根究底探"秋"秘

1.关于秋天，你想探究哪些问题呢？

2.列出探究方向：

（1）与秋天有关的民间故事有哪些？

（2）秋天的代表性事物有哪些？

（3）中秋节时不同的地方有哪些风俗习惯？

（4）秋天有哪些节气？

（5）秋天节气的来历是什么？

3.六人一组，小组讨论，收集资料。

4.收集资料的途径：图书馆查阅、上网查阅、询问长辈、观看相关纪录片。

（二）追根溯源解"立秋"

1.思考探究："立秋"到底是怎么来的呢？

2.探讨：向长辈、老师请教"立秋"这天的习俗。

（三）旁征博引讲故事

探究有关立秋来历的民间故事。

（1）学生课前收集有关立秋的民间故事。

（2）组内分享故事。

（3）小组选出代表在全班讲故事，评出"故事大王"。

（四）探索发现解秋谜

1.观看视频节目《探索发现》之《节气——时间里的中国智慧（六）清秋月圆》。

2.学生在小组内分享看完视频后的感受和感想。

—第3课时　探究室—

（一）深圳乡间田野"寻秋景"

1.到深圳的郊外、乡村、田野走一走，看一看，你发现秋的身影了吗？

2.汇报分享——秋天里的美景，可以采取实物、图片、PPT、视频等形式。

3.分小组展示：

秋天的树叶组：展示枫叶、梧桐叶、桦树叶、银杏叶、山白蜡树叶，介绍它们的颜色、形状。

秋天的花朵组：展示桂花、菊花、秋海棠、五色梅、夹竹桃、三角梅，介绍它们的形状、味道、寓意。

秋天的果实组：展示石榴、柿子、板栗、枣子、葡萄、柚子，介绍它们的形状、味道、寓意。

（二）赏秋之"物语"

1.探"秋"之秘密。

（1）欣赏秋天里万事万物的变化。

（2）你听到了哪些秋的声音，它们分别是怎样的？

（3）汇报听到的秋天里的声音。

示例：秋风、秋雨的声音，大雁、蟋蟀、蝉的叫声，农民伯伯的欢笑声。

（4）配乐小诗朗读《听听，秋的声音》。

（5）模仿上面的小诗，写一写秋风、秋雨、秋虫等的声音。

（6）开展小诗朗诵比赛。

2.体验一场"桂花雨"。

（1）到小区或郊外，找到有桂花树的地方，体验桂花雨飘落的感觉。

（2）拍照、拍视频记录。

（3）分享感受。

（三）小组合作"寻秋诗"

1.古人看到秋天的美景就往往忍不住用诗来赞美秋天，请你收集有关秋天美景的古诗。

2.四人一组，收集古诗。

3.汇报分享：秋天美景古诗分享大会。

（四）写秋之收获

1.做一幅秋天的树叶画。

2.写一写"我眼中的秋天"。

3.举行树叶画展和作文展。

—第4课时　分享屋—

（一）分享"秋的色彩"

1. 欣赏秋天的名画。

2. 小组成员先共同欣赏名画，再说一说这些名画给自己的印象，可以从构图、色彩、想象、意象等方面谈。

3. 自己动手画一幅"秋的色彩"，在教室里张贴展示优秀的绘画作品。

4. 请把你的画用文字写下来，读给大家听。

5. 分享：你在哪些文章里读到过有关秋天的色彩？

（二）分享"秋的乐章"

1. 欣赏秋之乐曲。

2. 播放歌曲视频，全班齐唱。

3. 分享听完歌曲后的感受。

4. 伴着音乐，把自己的感受写下来。

（三）分享"秋天的美食"文化

1. "七月杨桃八月楂，十月板栗笑哈哈。"时令美食对身体有益。秋天的美食也是不少呢！

2. 分组收集秋天的饮食、习俗。

3. 分组汇报立秋节气的饮食习俗。

（1）吃西瓜

江苏各地都有立秋日吃西瓜的习俗，称为"啃秋"。而立秋这天，也往往是当地人这一年最后一次吃西瓜——人们觉得立秋后，早晚天气变凉，吃凉的东西会对肠胃产生影响，因此立秋后就不再吃西瓜。

（2）食秋桃

立秋时大人孩子都要吃秋桃，每人一个，吃完把核留下来，等到除夕这天，把桃核丢进火炉中烧成灰烬。古时人们认为这样就可以免除一年的瘟疫。

（3）吃清凉糕

在浙江省金华市市民的心里，立秋吃西瓜、吃清凉糕是必不可少的传统习俗。清凉糕是一种由番薯淀粉制成的食品——将番薯淀粉熬成羹状，倒在碗里；待第二天早上，番薯淀粉羹结成一整块，远看似一块圆润剔透的白玉；然后将其切成小块，撒上白糖、醋、薄荷，食之清凉爽口、酸甜开胃。

（4）吃"福圆"

立秋节气是台湾龙眼的盛产期。人们相信吃了龙眼肉，子孙会做大官，而且龙眼又称为"福圆"，所以有俗谚：食福圆，生子生孙中状元。

（5）食小赤豆

从唐宋时起，在立秋这天，有必须用井水服食小赤豆的风俗。需取七粒至十四粒小赤豆，以井水吞服。服时要面朝西，据说这样可以一秋不犯痢疾。

（6）吃"渣"

山东莱西地区流行立秋吃"渣"，它是一种用豆末和青菜做成的小豆腐，并有"吃了立秋的渣，大人孩子不呕也不拉"的俗语。秋天是胃肠道疾病的高发期，因此很多地区的民俗都带有治病和祈求一年健康的寓意。

（7）贴秋膘

民间有句俗语："立秋到，贴秋膘，冬去春来身体好。"说的是天凉以后，人们应该多吃些肉食，补充一下因伏天食欲差和流汗带来的亏虚，提高免疫力。不过，当代的人们认为，现在的生活不比从前，平日里已经吃得很好，夏天也会注意保养，因此不需要在立秋那天特别进补。

① 猪头肉

猪头肉的美味，于民间早就名声大噪。据说淮扬菜系中的"扒烧整猪头"火工最讲究，历史最悠久，是道久负盛名的淮扬名菜。猪肉既能为人体提供优质蛋白质和必需的脂肪酸，也可提供血红素和促进铁吸收的半胱氨酸，改善缺铁性贫血。

② 酱肘子

酱肘子是中国的传统食物之一，营养丰富，色香味俱全。红扒肘子是山东潍坊地区的历史名菜，它软烂、肥而不腻，且营养丰富，备受人们青睐，曾被评为"山东名小吃"。

③ 烤鸭

北京烤鸭肉质细腻，口感良好；营养丰富，含有大量的不饱和脂肪酸，人体吸收后能软化心脑血管。此外，该鸭的表皮中含有大量的胶原蛋白，是美容佳品。因此，北京烤鸭是老少皆宜的美食。

④烧羊肉

"烧羊肉"是北京清真馆白魁老号的名菜。"烧羊肉"的制作方法，适用于羊身上的许多部位，包括头、脖子、蹄子、肚、肥肠、肝、肺、心、连贴等，但烹饪头、蹄、"蝎子"等部位时要免去其中"炸"的步骤。如羊身上所有部位同时上席，即为"烧全羊"。

（8）吃茄子

立秋吃茄子的民俗出自明朝的一个传说。传说明朝大将徐达打下元大都北平府之后，大将常遇春手下有个兵，偷了农民的一个香瓜。常遇春治兵非常严格，要把偷瓜的那个兵处死。这时，农民出来了，说元大都有习俗，立秋拾瓜不算偷。常玉春听到这话，就赦免了那个兵。没料到，一说立秋拾瓜者无罪，其他士兵都开始抢瓜。为了犒劳士兵，常遇春找到了"贴秋膘"的替代品——蔬菜之中唯一有肉感和肉味的茄子。于是，立秋吃茄子的习俗也就流传了下来。

（9）四川喝"秋水"

四川部分地区还保留着立秋喝"秋水"的习俗，即在立秋正刻，全家老小各饮一杯水。据说这样可消除积暑，秋来不闹肚子。

（10）南京"啃秋"

立秋是夏至后第三个节气。在老南京，有立秋节气"啃秋"的习俗，即立秋日吃瓜。

4.回家动手做一道秋季传统美食。

5.办一次美食展。

6.你认为秋天的美食包含着怎样的文化内涵？把你对秋天的美食文化的理解与自己参加活动的感受写下来。

—第5课时　分享屋—

（一）回顾总结

1.指导各小组回顾探究过程，完成组员的分工与职责汇报表，为成果汇报做好准备。

同学们，走过了万紫千红的春天，跨过了活力无限的夏天，我们迎来了硕果累累的秋天。回顾过去几节课"秋"主题的学习内容，我们接下来梳理各小组的工作，完成组员的分工和职责汇报表。请思考：你们组探究的是什么问题？你们是如何进行分工合作的？探究前后你们的想法有什么不同？

2.回顾探究过程，梳理和总结遇到的困难、问题，以及解决办法。

（二）汇报准备

1.各小组选择一个"秋"主题的方向进行资料整理搜集。

经过全组成员的共同努力，你们的探究结果如何？你们对问题有了哪些新的认识？通过探究，你有哪些方面的收获？汇报前可借助表格、思维导图、PPT等进行探究成果的梳理和总结。

资料内容	资料来源	搜集方式

2.统计各组汇报主题和形式，抽签决定出场顺序。

（三）成果汇报

1.组织各小组上台汇报探究的成果。

教师引语：同学们眼中的秋天是有不同的精彩和魅力的，而这样的秋天又是非常短暂的。为了"留住"这样的秋天，同学们整理搜集了关于秋天的资料，也制作了有关秋天的手工制品。请大家相互分享，感受秋的别样魅力。

2.各小组上台进行成果展示。"打包秋天"分享会正式开始。

3.各小组介绍各自的手工作品（树叶书签、秋景手绘图、秋景明信片……）

4.学生以小组为单位交换各自的手工制品。

(四)反思评价

1.对自己小组和其他小组的展示进行评价。

教师引语：老师发现在其他小组汇报的时候，大家都在认真倾听，也有不少同学对其他小组的手工制品或推荐的书籍感兴趣。关于其他组的探究成果，有什么疑问或建议，大家可以提出来，一起交流。

2.分享此次"打包秋天"分享会的收获。

—第6课时　实践园—

(一)谈话导入：感悟中西名家笔下的秋色

1.引导学生回顾自己熟悉的秋天，导入今天要学习的两首诗。

教师引语：同学们，我们在前几节课中深入地了解了秋天这个季节，知道了秋天的特点、习俗和美食。那么在不同的国度，作家眼中的秋天又有何不同呢？让我们一起走进中西方诗人笔下的秋天。

2.听音频：配乐欣赏古今中外的秋。

（1）中国之秋：

蝶恋花·水浸秋天风皱浪

欧阳修

水浸秋天风皱浪。缥缈仙舟，只似秋天上。和露采莲愁一饷。看花却是啼妆样。

折得莲茎丝未放。莲断丝牵，特地成惆怅。归棹莫随花荡漾。江头有个人想望。

（2）西方之秋：

净化的秋天

特拉克尔

带着金黄的美酒和园中的果子

年岁这般辉煌地终结。

孤独者的伴侣，四周

森林美妙的沉静。

农夫自言自语：多好。

悠长轻柔的晚钟，你们

临走前还赐予我快乐的心情。

旅途上一队飞鸟的问候。

正是爱情温柔的季节。

一叶小舟在蓝色的小河上漂流

何其美丽，远近交叠的景象——

在安息和静默中没入尽头。

3.学生分享听后感受。

这两首诗用了不同的形式、不同的感情描绘出了作者眼中的秋天，你听完之后的感受如何？脑海里呈现出了怎样的画面？

4.以小组为单位讨论：中西方的秋有何不同？

5.以小组为单位配乐朗诵。

（二）实践探究：走进自己身边的秋色

1.观看视频，感受不同地方的秋。

2.学生以小组为单位，每小组选择学校附近的一个地点，利用课后时间，去感受深圳的秋。

深圳有秋天吗？深圳的秋天在哪里？是在街头巷尾的小吃里、变化多样的天气里，还是在我们熟悉的各大公园里？同学们，利用这个周末去探索深圳的秋天吧！可以借助以下表格来定下你们小组的实践方向。

组员	组员分工	实践地点	实践方式	评价及收获

3.小组合作完成"实践展示报"。

4.举行作品分享会。

（三）班内互评：选出心目中的最美秋色

1.举行作品展，班内互评。

教师引语：看了那么多小组分享的他们眼中深圳的秋天，请你从他们的作品中选出你心目中的最美秋色吧！

2.评选出前三名的作品进行全校展示。

—第7课时　实践园—

（一）初步感悟：看到"美景"

1.教师引导提问：以下古诗各写了哪个季节的景色？

天街小雨润如酥，草色遥看近却无。

接天莲叶无穷碧，映日荷花别样红。

停车坐爱枫林晚，霜叶红于二月花。

孤舟蓑笠翁，独钓寒江雪。

2.小组讨论：对于不同的季节应该抓住什么特征来描写？列举相应的文学作品。

（二）合作探究：发现"美景"

1.品味罗兰的《秋颂》。作者抓住了秋的什么特点？用什么方法描写景物？

2.学生交流发言，教师总结。

（1）调动多种感官，抓住景物的特征。

（2）观察细致，用词准确，运用多种修辞方法。

（3）融情于景，情景交融。

3.找出《秋颂》中写景的优美句子，读一读，品一品。

看到：那是一分不需任何点缀的洒脱与不在意世俗繁华的孤傲。最动人的是秋林映着落日。那酡红如醉，衬托着天边加深的暮色。

触到：晚风带着清澈的凉意，随着暮色侵染，那是一种十分艳丽的凄楚之美。

感受到：那么爽利地轻轻掠过园林，对萧萧落叶不必有所眷恋——季节就是季节，代谢就是代谢，生死就是生死，悲欢就是悲欢。

4.学生分享感悟。

（三）品味练笔，写出"美景"

1. 出示描绘秋景的中外名画，学生认真观察。

2. 试选取其中自己喜欢的一幅进行描写。

3. 分享交流。

—第8课时　加油站—

（一）学习写观察日记

1. 各小组展示搜集到的写景抒情类文章、古诗词或积累的描写景物的词语。

2. 有感情地朗读内容，分析其在语言和写法上的特点，与其他小组进行交流。

（二）探讨写作方法

1. 各小组展示梳理归纳的描写景物的方法。

2. 总结描写自然景物类文章的写法，谈谈其在写作上给自己的启示。

3. 探讨怎样观察景物。

4. 各小组交流探讨观察景物应注意哪些方面，怎样写观察日记。

（三）写作运用

1. 播放优美的自然风光影片。

2. 各组展示制作的风景PPT，讲述观察到的故事。

3. 选择"我最喜爱的图片"，用优美的语言按照一定的顺序描述景物的特点。

（四）互评修改

1. 写一篇描写自然景物的文章。

2. 学生互相审阅，修改写好的作文，教师点评。

3. 总结写好写景抒情文章的方法。

附：**阅读评价表**

评价维度	合格	良好	优秀	自评	同伴评	师评
朗读亭	积极参与古诗背诵和积累，能读准字音，读通读顺诗句	能读准字音，读通读顺诗句，且能读出诗句的节奏和韵律	能够跟着伴乐吟诵诗词，读懂诗意、诗人及感情			
探究室	能参与其中，共同确定探究问题	积极参与探究问题的确定，踊跃发言，并主动帮助解决探究中遇到的问题	探究问题明确，分工详细，成员主动沟通，语意清晰、富有逻辑			
分享屋	能借助互联网梳理资料	能参与分享，主动沟通，团结互助，共同完成	敢于表达自己真实的想法，乐于与他人交流分享，表达时自信大方、吐字清晰、富有逻辑			
实践园	能根据分工参与实践活动	主动沟通，团结互助，共同完成实践任务	在实践过程中能够有所反思和收获，并且不断实践，查漏补缺			
加油站	能够积极参与活动，根据提示完成任务	能够主动沟通，团结互助，共同完成	掌握新的阅读、写作方法，并且能够熟练地运用到其他主题的阅读、写作中